Christus Kreuzverhör

© René Nafziger, 2021
Herstellung und Verlag: BoD – Books on Demand, Norderstedt
ISBN: 9783755725855

Inhaltsverzeichnis

Vorspiel

Dichter   (*Vor dem Vorhang*)
Was ist von jenen schwarzen Rittern mir geblieben,
von jenen Worten, die ich sandt in diese Welt hinein?
Erwacht ich jeden neuen Morgen stets allein,
wo ich doch teilen wollt und wollte lieben.
Auch heute schick ich wieder meine Ritter hin,
hinfort, hinaus Euch zu erzählen,
mögt Ihr sie einmal doch erwählen,
dass ich erfühle, dass ich mit Euch bin.
Ich schicke nur die schönsten, höchsten Mähren,
die anderen mögt Ihr sogleich erwürgen,
da nur die bestbeschmuckten für mich bürgen
und mir die Reinheit meines Lieds gewähren.
Ihr schallt mich grausam, mitleidslos und kalt?
Ist nicht die Welt ein Fressen und ein Sterben?
Wer kann für nichts, die Gunst des Einen werben?
Wer setzt der Welt sein unerschrocknes: Halt!
Wen sollt ich schicken, Gesellschaft zu erneuern,
damit das Heilge wieder einen Ort bekommt,
dass uns die Demut und die Liebe frommt,
statt falsche Unschuld zu beteuern.
Wem sollte ich den Auftrag nennen,
dass Reich und Arm um Ausgleich sich bemüht,
statt dass Gewalt zu Felde zieht!
die einen spekuliern, die andren brennen!
Wen sollt ich schicken, die Menschheit zu befrieden,
statt überall den eignen Hass zu brüllen,
Mag sich doch wieder unsre Kirche füllen,
in uns und um uns den Altar zu schmieden?
Ich schicke jene, die im Äther reiten,
die selbst die Mauern Jerichos erzwangen,
die nicht vor Feuer, nicht vor Tod erbangen,
die sich dem Hass nicht beugen, sondern weiten.
Sie reiten hin, sich zu erneuern, wer mich sagt!
Ein Feuer zu entfesseln, das die Flure reinigt,
sodass das Böse, das uns steinigt,

2

in sich ertrinkt und an sich selbst verzagt!
Sie gehen um in einer Welt der Schemen,
in der die Dunkelheit regiert,
wo gar ein Braun ein Schwarz verziert,
und wo es heißt: wir nehmen, nehmen, nehmen!
Die Gier obsiegt, wohin wir schauen,
entreißen, nehmen statt zu schenken,
sie fördert nicht, sie steinigt unser Denken,
denn credere heißt auch: vertrauen!
Ihr Credo ist das Raffen,
das Häufen, Sammeln und Verschlingen,
das Schwelgen in den flüchtgen Dingen,
den eignen Schrecken zu begaffen.
Dorthin, hinein oh, Rosse springet munter
mit Eurem Licht die Schatten zu zerteilen,
dass wir erkennen, wo wir weilen,
dass es erneut bergauf geht, nicht hinunter.
Bringt mir zurück, die Geister, die mich schon
vergessen,
bewahret Euch, verzaget nicht im Bösen,
Es wird die Seele sich vom Dunkeln lösen,
um am Altar den einen Leib zu essen.
Dann sind die Schatten längst zerrieben,
zu einem Mehl, in Glut zu gären,
den wahren Menschen zu ernähren,
So dass wir lieben, lieben, lieben!

Direktor

Verschreckt mir nicht das wartende Gemenge,
Ihr wisst, die Szenen müssen auch gefallen,
gefällt es mir, gefällt es wohl fast allen,

Lustige Person

Es überwiegt beim ihm *(zum Dichter deutend)* doch
stets die Strenge!

Dichter

Was wollt Ihr noch ins Licht der Bühne heben,
denn die Tabus sind alle schon gebrochen,
nackte Brüste, Räuber, Knochen,
Tod, Verwesung, Alltagsleben.
Verliebtheit erst, dann Wahn, dann Kokain,

3

	es war schon alles im Theater,
	Krankheit auch und auch Psychiater.
	Der Mensch als Thema ist längst nicht mehr in!
Direktor	Doch, doch, man will es gern in vielen Varianten!
Lustige Person	die alten Formen erst, dann auch die unbekannten!
Direktor	Die Zeit verändert uns und wir die Zeit,
	und jede Mode will ein eignes Kleid!
Dichter	Nein! Nein! Seid Jahren gibt's den selben Mist,
	man möchte provozieren, ekeln,
	wenn Nackte sich in Dreck und Pisse räkeln.
	am wichtigsten, dass die Moral verdorben ist!
Direktor	Nun ja, wir wollen unterhalten, helfen!
	dem Stress des Alltags zu entgehen
	wenn wir verzaubert auf der Bühne stehen,
	als Kobolde, als Zwerg und Elfen!
Lustige Person	*(ironisch, witzig)*
	Genau! Die Welt da draußen ist ein Haifischbecken!
Direktor	In heutger Zeit sind wir Ventil fürs Grobe!
Dichter	Oh, dass ich mein Theater lobe,
	denn es ist mehr, es ist ein Sonnenflecken,
	Ein Fegefeuer für ein Herz, das will!
Lustige Person	Ein Feuerzeug für einen Partygrill!
Dichter	Sei ruhig! Du Clown willst mich nur necken!
Direktor	Nun gut! Dann sagt, was wollt Ihr Neues schaffen,

Dichter	Es soll auf dieser Bühne wieder Götter geben! an derem Tun und Wirken wir uns heben! wir uns entdecken, nicht nur gaffen!
Lustige Person	Und wie, Du Schöngeist, wird es interessant? Wenn sich ein Gott gediegen, brav hier zeigt, und uns ein Hohelied auf unser Leben geigt? Dann spiel doch gleich den Hegel und den Kant!
Direktor	Da hat er Recht. Für Kurzweil reicht es nicht, wenn sich ein Gott hier auf die Bühne schleicht, man will Spektakel, das dem Leben gleicht
Lustige Person	*(den Dichter neckend)* und Kurzweil ist und bleibt Theaterpflicht!
Dichter	Dann macht es ohne mich, dann schreibt es selber, wenn ihr so schlecht von diesen Leuten *(zeigt ins Publikum)* denkt! wenn nur Obszönes auf die Bühne drängt! wenn Ihr nur Grobes wollt und goldne Kälber. Ich lasse meine Kunst nicht mehr missbrauchen!
Direktor	Ihr habt uns mehrmals hohe Kunst geschaffen,
Dichter	den Mensch in seinem Wahn, moderne Affen, ins Dunkle, Schlechte wollt Ihr untertauchen! Nein!
Lustige Person	Ich schreibe dann, wenn er sich ziert!
Direktor	Nun, ähm, dann möcht' ich doch verhandeln, du tust die Sprache allzusehr verschandeln! Erklärt mir, Dichter, was Euch fasziniert!
Dichter	Der Gott der Bühne denkt vernetzt, aus tieferer Vernunft, aus seinem Sein,

	er nimmt den andren stets in sich hinein,
	sodass er seinen Nächsten nie verletzt!
Direktor	Und wie?
Dichter	Er ist die Hand, die uns erhebt,
	wenn wir zersprungen und verlebt,
	nach neuen Ufern streben!
	Er ist das Ufer, ist das neue Leben!
Direktor	Zerspringen klingt schon sehr nach Drama,
	doch beschreibt
	Was ist es noch, was dieser Gott so treibt!
Dichter	Oft sieht es aus, als ob er schweige,
	und oft, als ob er gar nichts tut!
Lustige Person	Wir führn die Leute auf den Friedhof? Gut!
Dichter	Du magst es nicht verstehen, bis ich's zeige!
Direktor	Nun gut, probiert es aus! Dies eine Mal
	Es bleibt mir doch wohl keine Wahl!
	Gleichwohl bedenkt, dass jeder was verstehe,
	und weiterhin auch gerne ins Theater gehe!
	(*alle ab. Vorhang zu.*)
Direktor	(*Direktor und Dichter kommen zurück auf die Bühne*)
	Sehr verehrtes Publikum. Wir beide haben uns dieses
	Mal selber nicht gescheut, den Schauspielern
	beizustehen. Bei dieser Gelegenheit lassen Sie mich
	kurz den Schreiber dieses Stückes vorstellen, Herr
	Vito Kasulepsky. (*Applaus*) Mein Name ist ....
	Ich bin Intendant am hiesigen Theater
	in .... Ja, wir haben uns kurzfristig dazu
	entschieden, nachdem zwei Rollen heute Abend nicht
	besetzt werden konnten und Herr Kasulepsky selber

den Vorschlag gemacht hat, in der heutigen
Generalprobe doch diesen kurzen Prolog
mitzugestalten!
Ich begrüße auch den Vorsitzenden des Stiftungsrates
für das Theater ...., Herrn ....
Herzlich Willkommen. So, nun möchte ich sie und
unsere Schauspieler nicht länger aufhalten.
Wir freuen uns auf diesen Abend mit Ihnen und
wünschen Ihnen gute Unterhaltung. (*Er applaudiert.
Vorhang auf! Beide ab*)

Jesus im Tempel

Jesus	(*Der Vorhang geht auf. Es stehen Tische mit Geld auf der Bühne. Jesus kommt herein, wird dann wütend und fegt das Geld von den Tischen*)

Jesus   (*Der Vorhang geht auf. Es stehen Tische mit Geld
          auf der Bühne. Jesus kommt herein, wird dann
          wütend und fegt das Geld von den Tischen*)
          Mein Haus soll doch ein Bethaus heißen
          hier wird gehandelt, wird gerechnet,
          hier hat der Mammon Euch geknechtet,
          die Tugenden Euch zu entreißen.
          (*Hebt eine Münze hoch zum Publikum*)
          Hier schaut, Roms Götter,
          auf jeder Münze eingraviert,
          nun wisset, wer hier abkassiert!

Direktor (*schaut erst befremdet von der Seite, sieht dann das
          Geld und kommt herein*)
          Das ist doch gar nicht unser Stück!
          Die Tische hier und all das Geld,
          die erste Szene spielt doch am See!

Jesus   der Dichter kam gestern noch einmal zurück!
          Er hat die Szene vorne drangehängt!
          Wir mussten's alle noch üben, abends!

Direktor (*Der Direktor überlegt kurz. Er scheint abzuwägen.*)

Na gut, na gut. Dann mach halt!
Gebt Gas! (*der Schauspieler zögert*)
Los los! Ein bisschen Krawall,
wenn hier das Geld so durcheinanderstiebt,
Das kommt gut! Schön!

Jesus   Nochmal von vorne?

Direktor   Ja, freilich! Nochmal ganz von vorn! (*Jesus geht ab.*
Der Direktor sammelt das Geld auf und legt es auf
die Tische. Die Scheine, die herumfliegen steckt er
selber ein. Der Vorhang geht wieder zu und dann
wieder auf. Der Direktor bleibt an der Seite)

Jesus   Mein Haus soll doch ein Bethaus heißen
hier wird gehandelt, wird gerechnet,
hier hat der Mammon Euch geknechtet,
die Tugenden Euch zu entreißen.
(*Hebt eine Münze hoch zum Publikum*)
Hier schaut, Roms Götter,
auf jeder Münze eingraviert,
nun wisset, wer hier abkassiert!
Es sind des Vaters Spötter!
Wer nicht mit eigner Hand sein Leben wirkt!
Wer meint dies Tote (*Münze zeigend*) habe Leben!
Der irrt! Die Menschen sind es, die ihm geben!
Ihr Leben ist es, dass sich hier verbirgt!
Wer anderen das Leben nimmt und raubt,
wer Geld verschiebt, statt selbst sich zu bequemen,
der hat, Gott weiß!, kein' Dienst, kein Unternehmen!
und sage vor dem Herrn nicht, dass er glaubt!
Das ewge Leben gebt Ihr somit dran!
Dies Geld ist schmutzig vor dem Herrn!
mag es auch glänzen wie ein Stern!
Wer dies nicht will, der fang' von vorne an!
(*zeigt eine Münze*)
Hier, das ist Blut, das ist der Zins!
Wer glaubt ihr, mag das zahlen?

Wer gibt sein Blut in nicht gezählten Qualen!
Ich wirke es, ich bin's!
(zum Publikum)
Und Ihr, die Ihr hier sitzt auf Euren dicken Backen,
Lebt Ihr vom Zins und von der andren Not?
Ging ein Chinese für Euch in den Tod?
wer schafft für Euch in dreckigen Baracken?
(Bei den letzten Sätzen wird der Direktor immer ungehaltener, bis er schließlich auf die Bühne rennt)

Direktor

(Gestikuliert, damit der Vorhang zur Hälfte geschlossen wird. Zum Publikum)
Es ist doch wirklich wie verhext, ähm, äh,
ich schwör's, die Szene am See, das war ein andrer Text:
er sprach von Schönheit, Liebe und Vernunft
und von Wiederkunft, von seinem Leben damals!
Die Publikumsschelte, es ist doch nicht wahr!
Er muss mir auf der Stelle her! *(leiser)* Idiot. Immer dasselbe!
(Zum Schauspieler)
Schaff' mir den Dichter bei, so lass ich euch nicht auf die Bühne!
(leiser) Leut bekehren und so 'n Scheiß! Ich hab die Faxen dick!
wer zahlt ihn denn? He? *(der Schauspieler lächelt in sich rein)*
Und du kannst auch gleich gehen, wenn's dich freut!
(Der Schauspieler geht missmutig ab und kommt gleich mit dem Dichter wieder an).

Dichter

(kommt von der Seite, wütend)
Ihr unterbrecht das Spiel,
was ist ...

Direktor

Ich hab' 's Euch immer wieder gesagt! Verdammt!
Was soll das mit der Publikumsbeschimpfung? Toter Chinese und so 'n Quatsch?
Wir schneiden die Szene raus! Wir blamieren uns

hier!

Dichter	(*zum Schauspieler, klopft ihm auf die Schulter*) Mein Kompliment, die Zeilen haben gesessen! Du solltest öfter mal was dichten!
Direktor	Wie? Das war gar nicht von Euch? Herr Kasulepsky?!
Dichter	(*freudig*) mitnichten!
Direktor	Was? Der Chinese war sein (*auf den Schauspieler deutend*) Einfall? Das ist ja ein Skandal! Wenn jeder das Stück ändern wollte? Lästern und Leute ausgrenzen. Wir sind doch hier keine Improvisationstheater!
Dichter	Wer mich versteht, der darf mich auch ergänzen!
Direktor	Das ist mein Haus! Hier oben könnt ihr machen, was ihr wollt! Aber haltet verdammt noch mal das Publikum raus! Zahlt Ihr dafür, dass Ihr beschimpft werdet? Ich dachte, wir waren uns einig?
Dichter	Wer dem Ganzen dient, braucht mich nicht fragen! Es ist die Haltung hier, die einzig und allein zählt!
Direktor	Für Anarchie habt Ihr den falschen Ort gewählt! Sie sind nicht Brecht und hier ist nicht das Berliner Esemble! Ich bestimme hier. (*zum Schaupieler*) Ich hab' hier das Sagen! Noch ist es mein Theater! Dir fällt es schwer, dich anzupassen! Du hast schon einmal so provoziert!

10

	Ich hab's dir gesagt! Das geht nicht gut aus!
	Mir reicht's. Such dir anderswo 'n Job!
Dichter	Was, Ihr wollt ihn entlassen?
	(*zum abgehenden Schaupieler*) Bleib hier! He! Halt!
Direktor	Genau! Ganz richtig!
Dichter	(*leise, ihn beiseite nehmend*) Ihr dürft das Personal
	nicht so abservieren!
Andere	(kommen hinzugerannt)
Schauspieler	Und wer soll ihn vertreten?
	Wer soll denn den Text lernen?
Direktor	Er braucht ja nur zu beten!
	(*auf einen Bühnenbildner deutend*)
	Mach du's! Du kannst den Text doch auch!
Bühnenbildner	Wie? Ich? Ich mach doch nur das Bühnenbild!
Direktor	Egal! Du hast den Text oft genug gehört! Das muss
	reichen.
	Sprich salbungsvoll und laut, das kommt an!
	Nun mach' schon. Ich seh 's doch. Du willst schon
	auch.
	Ist mal was Neues!
Bühnenbildner	Nein! Wie soll ich hier, mit den Klamotten,
	der Blaumann ist doch kein Kostüm!
Direktor	bleib locker! Jesus war Zimmermann.
	Blaumann ist schon okay. Daran wird's nicht
	scheitern!
Bühnenbildner	Ich kann doch nur den Anfang vom Text!

Direktor	Das ist egal. Du schmeißt die Rolle jetzt nicht hin!
	Jetzt mach! Und lass mich ja nicht hängen!
	Du bist noch in der Probezeit?
	Na also, dann kannst du auch Christus spielen!
	Und spiel ihn gut! Sprich laut! Bis zu den Rängen!
	Und was du an Text nicht mehr kannst,
	das lässt du raus.
	(*Mit Seitenblick zum Dichter*)
	Wie sagt der Dichter noch:
	die Leute reiben sich, die Götter schweigen doch!
	ich zahl dir heut' das Doppelte des Lohnes aus!
	(*Während er den Dichter von der Bühne führt*)
	Die Götter willst du neu erwecken!
	Was? Ich fall' ja jedes Mal herein. Aber dieses Mal,
	war's wieder unser Hänschen. Ich kann's nicht fassen.
	Meint, er könnt hier sein eigenes Ding drehen.
	(*Gemurmel unter den Schauspielern. Im weiteren*
	Verlauf wird Christus von zwei Schauspieler
	gespielt, die sich deutlich unterscheiden. Der eine ist
	der Bühnenbildner, der andere der Schauspieler, der
	die Jesusrolle eingeübt hat. Die kursiv gedruckten
	Worte - sofern nicht Regieanweisungen -
	durchbrechen das Stück und spiegeln den Konflikt
	der Schauspieler, die an ihren entlassenen Kollegen
	denken.)
Dichter	(*erbost*) Demnächst könnt Ihr Euer eigenes Stück
	schreiben!
Direktor	(*zu den Schauspielern*)
	Nun macht den Vorhang zu, beginnt mit Szene zwei!
Dichter	Dann werdet Ihr ja sehen, wie weit ihr kommt!
	4 Zeilen. Das war kein Grund!
Direktor	(*zu den Schauspielern*)
	Los, los!
Dichter	An Eurem eigenen Stück könnt Ihr ja dann streichen,

adaptieren! (*beide ab*)

Schauspieler 1 (Magdalena)	(*Während der Vorhang langsam fällt*) Das geht doch nicht! Vier Zeilen sind doch wohl kein Grund!
Schauspieler 2 (Petrus)	Der Hans wollt immer mehr, als was in seiner Rolle steht!
Schauspieler 3 (Judas)	Muss er ihn deshalb kündigen! Der ist doch durchgeknallt!
Schauspieler 1 (Magdalena)	Beim kleinsten Anlass wirft er uns hinaus! Das macht der doch mit jedem!
Schauspieler 2 (Petrus)	Der Hans ist selber schuld. Er weiß es besser, immer!
Schauspieler 3 (Judas)	Ach, komm! Und du vergisst oft genug deinen Text!
Schauspieler 2 (Petrus)	Halt's Maul, Mensch. Gleich verpass' ich dir eine! (*Es kommt zum Gerangel*)
Schauspieler 1 (Magdalena)	Hört auf! Das bringt doch nichts! Ihr macht nur alles schlimmer!

Christus, Judas, Magdalena, Petrus am See Genezareth

Magdalena	(*Die Schauspieler sitzen am See. Während der Vorhang aufgeht, spricht Magdalena. Sehr traurig*) Unmöglich. Der Hans hat doch zwei Kinder! Und der Direktor schickt ihn weg!
Judas	Menschenschinder und menschlich ein Arschloch,

	wenn ihr mich fragt! Wir sind doch nur seine Leibeigne und der letzte Dreck!
Petrus	So ist es halt! Wollt ihr ihn jetzt boykottieren! Was bringt's denn? Wir können doch nur verlieren!
Magdalena	*(Der Vorhang ist jetzt ganz offen. Die Szene beginnt.* *Magdalena betrachtet die untergehende Sonne.* *Obwohl sie von der Schönheit spricht, ist sie den* *Tränen nahe, weil sie an ihren entlassenen Kollegen* *denkt)* Schau'! Wie schön der Boote Segel in den Abend ragen. Die Sonne sinkt und taucht hinab nimmt hier den Tag hinfort ins kurze Grab um andernorts erneut sich vorzuwagen. Und sanft um unsre Tücher streicht der Wind, sanft gleichermaßen wiegt der Welle Rauschen, wenn aufgeschwungen sich die Kämme bauschen, wo sie im Sand versickernd nicht mehr sind. Hier rührt Natur mein Herz und still ist der Verstand, wenn die Gewalten sich zur Ruhe betten, und still zerreißt es der Gedanken Ketten, zieht uns an Dein, oh Christus, ewges Land. *Ich kann nicht!*
Jesus Bühnenbildner	*(legt Magdalena die Hand auf die Schulter.* *Magdalena schaut ihn weinend an.)* *(Magdalena erfasst Christus' Hand an ihrer Schulter* *und küsst sie. Währenddessen spricht Petrus)*
Petrus	Einst war der See mein Lohn und Brot und manches volle Netz bracht ich schon heim.
Jesus Bühnenbildner	Jetzt sollst du Menschenfischer sein! Ein Netz, das Leben bringt, nicht Tod!

14

Magdalena	*(flüstert Jesus die richtigen Worte zu, da dieser den Text nur lückenhaft weiß)* Wie dieser Tag ist auch ein Abend mir,
Jesus Bühnenbildner	Wie dieser Tag ist' auch ein Abend mir, wo ich erlöst von der Natur, ein Schatten bin, ein letzter Strahl gar nur wie diese zarten Sonnenboten hier.
Magdalena	Rabbi!
Jesus Bühnenbildner	*(schaut sie fragend an)* Was?
Judas	*(Judas springt ein)* Und gehest doch in anderen Gefilden, empor, erstrahlst dort hell und heller die Welt verwandelnd immer schneller, sie willensstark und schön zu bilden. *(leiser zu Magdalena)* Wir lassen's platzen!
Jesus Bühnenbildner	Ach, Judas! *(Judas hält inne. Weiß nicht, ob er's wirklich platzen lassen soll)* Des Vaters Wille ist mir keine Wahl, er kennt nicht Tag noch Nacht, und steten Willens wie der Vater wacht, führt er gewiss mich und doch sacht. *(Er schaut nach Magdalena)*
Magdalena	*(leise)* Zu anderen Gefilden geh ...
Jesus Bühnenbildner	*(Man spürt, dass er schon wegen der doppelten Gage dabei bleiben will)* Zu anderen Gefilden geh ich, ja mag sich die Erde wandelnd drehen, was meine Augen nicht mehr sehen,

doch mit des Vaters Auge bin ich da.

Petrus   *Was jetzt?*

Judas   *Wie?*

Magdalena   Oh, Rabbi, sprich nicht so! bleib, bleib!
                      Ein Schatten greift mein Herz bei Deinem Wort,
                      Noch spür ich Dich und lass' Dich nicht mehr fort.

Petrus   Du hast doch nichts verstanden, Weib!
                      Er wird sein Werk in seiner Zeit vollenden
                      und ich bin Zeuge dieser Tat,

Judas   nur wer Ihm widersteht, der übt Verrat.
                      des Schicksals Lauf liegt ganz in Seinen Händen!
                      Was machen wir eigentlich noch hier? (macht Geste
                      zum weggehen)

Jesus   *(zärtlich zu Magdalena)*
Bühnenbildner   Ich bin bei Dir, ob du mich auch nicht siehst.
                      In deinem Herzen hast du mich gesehen,
                      da nicht Gedanken um dich wehen, *(er stockt, Judas*
                      will aufstehen. Er zieht ihn zu sich herunter. Dieser
                      ist ratlos. Christus spricht angestrengt weiter, weil er
                      Judas festhält)
                      wo du es ahnst

Magdalena   und die Gefühle fliehst
                      Verzweifle, Magdalena, nicht! *(Magdalena hält inne,*
                      da sie diesen Text ja nicht sagen kann. Sie fängt
                      wegen der Anspannung wieder an zu weinen)

Jesus   für die, die folgen bin ich Strand,
Bühnenbildner   wer sich verliert, dem reiche ich die Hand,
                      ich führe alle heim ins Licht!
                      (zu Judas mit eindringlichem Blick)

Bleib!

Judas	*(zu Petrus. Nüchtern und sich der Doppeldeutigkeit bewusst)* Ein Kampf wird's, Petrus, oder muss es sein, wenn sich das Ende unsrer Zeit gezeigt, wenn Er samt Schwert auf Himmelsrösser steigt, wir sind mit Ihm, die andren sind allein! *(reißt sich von Christus los. Will gehen. Petrus wirft sich auf ihn und hält ihn zurück!)*
Petrus	Er wird es uns schon Selber künden, wenn wir als Streitmacht uns verdingen, erst dann kann es uns auch gelingen, es wird der Funke schon noch zünden. *(energisch, aber leiser)* *Kapierst du denn überhaupt nichts?*
Magdalena	*(mehr zu sich)* Mich schaudert und die Nacht beginnt, wie lang, oh Herr, sind wir noch Gast, die Dunkelheit wird bald zur Last, wo hier die Wasser im schwärzer sind.
Jesus Bühnenbildner	*(steht auf und nimmt Magdalena am Arm mit nach oben. Zu allen, aber trocken, als wüsste er den Text nicht zu interpretieren)* Kommt! Lasst die Gedanken ruhn der Tag ist alt, jung ist die Nacht, Erquickung hat der See gebracht, Es wartet doch noch viel zu tun.
Magdalena	*(zu Christus)* ach, Rabbi, wär doch einer von uns frei Ich weiß Du kannst mein Mann nicht sein hätt' ich zwei Herzen, eines wäre Dein mit einem nur geh wohl auch ich entzwei
Judas	*(hält Petrus, der aufstehen will, zurück. Christus und Magdalena gehen ab.)*

17

Petrus	*Was jetzt, ich denk wir gehen <u>alle</u>?*
Judas	*(Hat sich umentschieden und hält jetzt seinerseits Petrus zurück)* Petrus, bleib hier, bleib' stehen! ich will dir etwas sagen und deinen Rat dazu erfragen, bevor wir auseinandergehen! *(Petrus schaut ihn unwillig an)*
Magdalena	*Oh,... (sie hilft Christus seinen Text zu finden)*
Christus	Oh, Magdalena, fürchte nicht, Ein Herz so wach ... *(Er stockt. Dann küsst er sie auf die Stirn)*
Magdalena	*(Improvisiert)* Oh, dass es dir gefalle.
Christus	mit beiden Augen siehst du eine Welt!
Magdalena	*(improvisiert) für alle!*
Christus	nur Gott
Magdalena	*(ergänzt) kein irdscher hält*
Christus	über uns Gericht! *(sie gehen ab. Magdalena bricht in Tränen aus. Man hört Diskussionen hinter der Bühne. Währenddessen geht es vorne auf der Bühne weiter)*
Hinter der Bühne	Magdalena: Ich kann das nicht! Dichter: Ich werde mit ihm reden! Andere: Einfach so entlassen!

Dichter: Seid leise! Wir reden nachher!

Petrus

Selten suchst du meinen Rat! Gut! Sprich! *(Beide schauen ab und an verstohlen zu Bühnenseite, wo der Streit stattfindet)*

Judas

Ist sie nicht süß.
wenn sie sich angstvoll um Ihn sorgt.

Petrus

Hast du dir den Verstand geborgt?
Deshalb hältst zurück du mich?
Du weißt, wie sehr mich dieses stört,
wenn sie sich schmachtend an Ihn schmiegt,
und so sein Mitleid in Ihm siegt.
wenn sie Ihn mit Gefühl betört!

Judas

Ja, ja, ich weiß. Ich will mich nicht erfrechen!
Du bist kein Freund von Zärteleien,
schon gar nicht zwischen diesen Zweien,
Doch anderes will ich mit dir besprechen.

Petrus

Nun dann!

Judas

Es braucht Veränderung irgendwann!

Petrus

Was soll das sein?

Judas

Soll sein? Die Welt ist schlecht
Die Falschen haben Macht und Recht,
wir sind allein!

Petrus

Allein? Wir haben Ihn! Ist's nicht genug?
Lass' doch die Welt!
wir wissen, was uns bei Ihm hält,
der Rest ist Lug und Trug!

Judas

Er ist's. So spricht kein Tor,

	und doch will Er verändern, langsam beginnend an den Rändern! stößt er zuletzt zum Zentrum vor! *(wirklich flüsternd, das Publikum brauch das nicht zu hören)* *Was ist da hinten los?*
Petrus	Zum Zentrum? Gibt es das für Ihn. Ist Er's nicht selbst! Die Mitte,
Judas	Das Ganze reißt man nur mit großem Schritte, Wir dürfen nicht die Mächtgen fliehn! Dort ist das Zentrum, dort die Macht die Ihn verachten, Ihn beschämen
Petrus	Sie können Ihn in Seinem Tun nicht lähmen. und nicht verringern Glanz und Pracht!
Judas	Doch sollten sie, was würde dann geschehen? Dann würd' Er endlich offenbar, die ganze große Menschenschar, sie würden folgen, würden sehen!
Petrus	Der ganze Kosmos wollt' Ihn ehren: Heil Jesus dir, Heil Dir, oh, Retter und mancher Faule säh ein Donnerwetter, ja mancher Falsche *(wechselt die Ebene) mancher Dicke!* würde sich bekehren.
Judas	*(Judas will Petrus den Mund zu halten, als er "mancher Dicke!" sagt)* Und doch geschieht es nicht! Wir könnten es befördern!
Petrus	Wie das? Suchst du den Streit mit Feind und Mördern? Frag Ihn, sein Rat hat mehr Gewicht!

Judas	Das werd' ich tun! Zur rechten Zeit! Doch siehst du nicht, wie wir die Zeit verlieren, die Welt lässt sich auch provozieren, ich wär für eine Stichelei mit Rom bereit!
Petrus	*(Er steht in vollem inneren Widerspruch zu dem, was er sagt, weil er wirklich alles platzen lassen will)* Rom willst du die Macht abstreiten? Er war sich nie für Zank und Zwietracht gut, *(er wechselt die Ebene. Judas spricht jedoch lauter, um ihn zu übertönen)* *Jetzt lass' uns gehen! (er steht auf)*
Judas	doch nach der Ebbe kommt die Flut! nur das bewegte Meer erzeugt Gezeiten!
Petrus	*(Immer noch im Widerspruch. Judas hält ihn praktisch fest)* Ich ahne schwach, was du erschaffen magst, wenngleich ich selbst den Kampf nicht scheue, der Ungehorsam ist's, den ich bereue, ich will nicht wissen, was du hoffend fragst!
Judas	Du Petrus kämpfst nur, wenn man dir befiehlt,
Petrus	*Du kannst mich mal!*
Judas	Ein Geist, der sich des Lebens Fluten selber stiehlt. Ein solcher Geist ist zu bedauern!
Petrus	*Das hat er schon einmal gemacht! Es reicht!*
Judas	Hast du den Willen schon verloren? ich stehe wagend vor den Toren du weilst verborgen hinter sichren Mauern!

Petrus	*(Petrus geht fast zu früh ab. Seinen Text sagt er gerade noch so auf!)*

Geschliffne Rede ist deines Geistes Schwert,
ich wage nicht der Wahrheit Grund zu kennen,
ich weiß nichts, außer mich bekennen.
Was Er nicht will, ist mir nicht Rede wert! *(geht ab!)*

Judas	*(zu Petrus)*

Verdammt noch mal! Ich dacht, wir machen's jetzt fertig?
Was ist denn jetzt (Dann wieder zurück in die Rolle.Erbost, vor sich hin redend, leicht nach hinten zu dem abgehenden Petrus. Während man im Hintergrund Stimmen hört, bringt Judas seinen Text etwas unsicher voran!)
So bist Du immer! Stur wie Stein geblieben.
mit solchen Brocken kann man Häuser baun!
man muss sie nur noch recht behaun!
dann darf er stehen, bis ihn der Wind zerrieben!
(zum Publikum) Es will wohl niemand meine Botschaft hören,
und niemand schreit begreifend "ja!"
feig ist die Dummheit, doch nicht wahr!
wie kann ich bloß der Einfalt Macht zerstören.
Gehorsam ist für die, die Kinder noch!
wir wollen folgen, weil wir denken,
bewusst jetzt und bewusster noch,
die Schritte hin zu größrer Pflicht zu lenken.
Ist's nicht die Einfalt um Ihn her, die ihn bestiehlt!
die jede eigne Regung hat zerstört,
die schmachtend seine Worte hört,
die nicht zu atmen wagt, wenn Er es nicht befiehlt!
Sie schlagen selber sich die Köpfe ab
und wollen nicht mehr denkend tun,
ängstlich zuerst, bis sie dann faulend ruhn,
und nehmen Ihn so mit in ihres Geistes Grab.
Nie könnt ich diese Schwachheit um mich her ertragen,
die stets an Seinen Lippen hängt,
die Er wie einen Esel lenkt

wo ist der Mensch, wo kann ich wagen!
Wo kann ich tätig sehend steigen,
wo fühlen, dass sich Wagnis lohnt,
wer dauernd sich im Wollen schont,
der tanzt kein Leben, sondern Kinderreigen!
Den steten Wellen gleicht mein Tanz.
und wie die Flut greif ich den Strand (er greift in den
Sand)
zerstöre Häuser, wühl' den Sand
den Sturm, der naht, ich ich will ihn ganz!
Und mit der Welle hebt sich auch der Grund,
der endlos tief in seinen Kräften ruht,
die Welle ist sein Schwert, das niemals ruht!
und ihre Schneide wird nie wund!

| Magdalena | *(ist lachend hinzugetreten. Sie ist jedoch nicht wirklich gelöst. Judas, der nicht weiß, was hinter Bühne los ist, will das erfahren, während er weiterspielt!)* |

Magdalena

(ist lachend hinzugetreten. Sie ist jedoch nicht wirklich gelöst. Judas, der nicht weiß, was hinter Bühne los ist, will das erfahren, während er weiterspielt!)
Auf alle Gipfel hast du ihn gebracht,
noch knurrend kam er mir entgegen,

Judas

Und?

Magdalena

Du würdest dumme Streiche hegen,
was habt ihr zwei Euch bloß gedacht? *(Gibt ihm mit einem Kopfnicken zu verstehen, dass es weitergehen soll)*

Judas

Gedacht? Wenn er nur mit mir wollte denken,

Magdalena

Seit je seid ihr wie Katz und Hund,
der eine fährt dem andren übern Mund
und jeder will dem andren seine Weisheit schenken!

Judas

(Hat sich beruhigt)
Schon gut. Ich werde Petrus nicht bemühen,

Magdalena	(*einlenkend*) Ich weiß, es braucht schon zwei, um sich zu streiten, und ihr zwei sucht euch stets Gelegenheiten
Judas	Ich werde meine Kreise ziehn. *(will aufstehen)*
Magdalena	*(lacht und wirft ihn wieder um und setzt sich auf ihn)* Ha! Kreise ziehen, wie vermessen so beißt die Katze sich nur in den Schwanz, wer treffen will, der gebe sich auch ganz! So ist es! Hast du schon vergessen?
Judas	(*lacht*) Vergessen? Du vermessnes Huhn! du besserwisserische Nudel, ich bin die Katz? Dann bist du wohl der Pudel!
Magdalena	Die Locken hätt ich wohl! Und nun? *(Judas dreht sich auf sie drauf und beide rollen hin und her über die Bühne, lachend!)*
Petrus	*(Petrus, die anderen Jünger und Jesus kommen hinzu. Petrus indigniert. Man spürt, dass die Gruppe noch etwas anderes beschäftigt)* Mann!
Johannes	Und Frau!
Petrus	Wann seid ihr bloß erwachsen! *(wendet sich ab)*
Judas	*(liegt gerade unten und sieht zu Petrus auf)* Komm Petrus, Mann, bleib locker! wer kippelt fliegt nicht gleich vom Hocker
Magdalena	(*lachend*) und schwanger wird man nicht vom Flachsen!

Jesus Bühnenbildner	(*lacht*) Dann lasst uns hier mal schwanger werden, an Brot und Wein! (*Die anderen Jünger haben Essen mitgebracht!*) Und Magdalena darf sich weiter drehen Das Leben ist ein Tanz! Ihr werdet sehen! Kommt, (*er stockt*)
Anderer Jünger	feiern wir!
Jesus Bühnenbildner	jetzt sind wir nicht allein!
Andere Jünger	Ja, lasst uns bereiten einen Tisch hier eine Decke für den Strand, der Wein und noch das Brot zur Hand, sodass wir jetzt beginnen, frisch! (*breiten die Decke aus etc. Während sie das vorbereiten, steht der alte Jesus an der Seite. Die Schauspieler reden weiter, schauen sich aber fragend an*)
Judas	(*Petrus anschubsend und auf den alten Jesus deutend. Leise*) Der Hans!
Petrus	Ha! Er ist ihm entwischt! (lacht)
Judas	(winkt Hans herbei. Der zögert aber.) Geil, darauf stoß ich an! (*wieder in der Rolle, aber deutlich ausgelassener als vorher*) Ich hoff', der Wein ist gut genug, den Abend noch zu retten,
Petrus	den Säufer legt in Ketten! (*andere Jünger lachen*) Verbergt den Krug!

| Judas | Dir reicht das Wasser von der Kuh, |
| | dein Geist braucht keine Schwingen |

| Magdalena | (*wütend*) der Abend muss uns noch gelingen, |
| | Ihr zwei gebt sofort Ruh! |

| Jesus | (*Hat den alten Jesus gesehen. Ist verunsichert und* |
| Bühnenbildner | *stockt! Andere übernehmen*) |

| Andere | Der Wein ist gut, er wird Euch schmecken, |

Andere Jünger	(*zu Judas*) du siehst, es ist bedacht,
	der Duft erfüllt schon unsre Nacht,
	du wirst dir noch die Finger lecken!

Jesus	Kommt ...
Bühnenbildner	(*er stockt. Es wird klar, dass er seinen Text nicht*
	mehr weiß, da wir nun tiefer im Stück sind und er
	schließlich nie den Jesus spielen musste)
	setzen wir uns hier
	(*Jünger setzen sich hin, nehmen ihre Decken.*)
	Lasst uns gemeinsam essen...

Andere	am Strand.
	(*Jesus bricht das Brot, schenkt Wein ein. Die Leute*
	essen auch Oliven, Gemüse usw.. Sie prosten sich zu
	etc.)

| Judas | (zum alten Jesus. Winkend!) |
| | Jetzt komm' doch! Mann! |

Jesus	Lasst uns gemeinsam essen,
Bühnenbildner	dem Abend hier sei kein Vergessen!
	Er sei ein ewges Band!
	Der neue Bund!
	(*Macht Zeichen, dass er den Text nicht weiter weiß.*
	Sie winken und rufen den alten Christus herbei.)

Petrus	Mensch, jetzt komm' doch. Er weiß den Text doch nicht!
Judas	Hier! Komm! Darauf stoßen wir an! (lacht hysterisch)
Jesus Bühnenbildner	Okay! Ich geh' dann! (Die anderen machen Zeichen, dass er gehen soll)
Magdalena	(*nimmt alten Christus am Arm*) Rabbi, Freund, ein zweites Mal wird mir so angst.
Petrus	Ach, Weib, hör doch! Vertrauen!
Magdalena	Ich tu's, jedoch in dunklen Schauen,
Judas	bist du allein Gefühl und wankst! *Vergiss es!*
Erster Christus	Wir essen hier, doch niemand nimmt, vergessen führen wir zum Mund. Wer liebt, weil ihn die Erde hält und gibt? Erinnert Euch, was Euch bestimmt! (*Er bricht erneut das Brot*) Hier nehmt dies Brot, es ist mein Leib, für Euch geteilt, für Euch gegeben, so nehmt ihn hin, ein ewges Leben, mein Weib. Und trinkt mein Blut an ihren Brüsten, ganz wie der Wein, so tief, so rot es treibt den Leib Euch nicht zum Tod, zum Ewgen doch, weit jenseits irdscher Küsten! Nehmt hin den freien Tod bewussten Lebens! dass Ihr für andre Euch verwendet, helft Ihr, wo die Verwandtschaft endet! verlasst das Tier in Euch, damit es nicht vergebens! Und opfert es, wie Euch geopfert ward, das Grobe treibt hinaus aus Eurer Seelen Heim,

Und lasst den Leib nur Tempelmauern sein,
das Heilge zu bewachen,
es ist mein!
(Währenddessen ist der Bühnenbildner hinter die
Bühne gegangen und hat dort den Direktor gesehen.
Bühnenbildner: Ich kann den Text nicht! Weiter kann
ich nicht!
Direktor:Ich hol den Idioten da raus! Ich schwör's!
Bühnenbildner: Wir können sonst nicht auftreten.
Wer soll's denn machen?
Direktor: Ist mir egal, aber nicht dieser Idiot! Sobald
die Szene fertig ist, ho ich ihn raus!
(Während Petrus spricht, sieht man den Direktor
von der Seite winken. Er will, dass der alte Christus
zu ihm kommt! Da jener aber nicht kommt, wird der
Direktor immer ungehaltener und macht Hand-an-
Kehle-Zeichen)

Petrus

So solln wir tun, so will ich Beispiel geben, *(er kaut*
und trinkt)
es folge mir, wer sich ein Herzen nimmt,
Es ist vom Meister so bestimmt,

Judas

wenn wir uns sterben, werden wir uns leben?

Erster Christus

(zu Judas)
Oh, Freund, wann war mein Vater Dir so nah,
durch Deine Worte uns zu segnen,
dass wir in Deiner Wahrheit uns begegnen,
dass er durch dich verkündet, was ist wahr,
Bedenke doch! Der Tempel fällt nicht, wenn du ihn
betreten,
sein Heiliges zu schauen, das er birgt,
die Mauern stehen weiter, wo das Heilge wirkt,
sie zeigen nur den Ort, worin wir beten!
Und wenn die Säulen eines Tages fallen,
so werden sie zu Staub am Zahn der Zeit,
das Heilge ist zu neuen Stätten stets bereit,
es braucht nicht hohe Säulen, keine weiten Hallen!

28

Petrus	Das Heilge will, dass uns die Tat bewährt, drum hebt die Becher, seht!, zum Wohl!
Judas	(*Hat den Direktor mitbekommen! Verändert den Text!*) Doch mancher ist wohl innen hohl!
Petrus	(*lacht über die Dreistigkeit von Judas über den Direktor zu spotten, während er zum Direktor schaut*) Der war gut! (*wieder in der Rolle*) Du Wortverdreher, Prost! der heilge Tropfen schmeckt,
Judas	*Ich wollt der Alte wär verreckt!*
Petrus	(*springt ein, als er merkt, das Judas frei improvisiert. Er bemerkt aber ,dass er nicht den richtigen Text gesprochen hat!*) Wir finden hierin Trost!
Magdalena	(*Fängt leise! an zu weinen und vergräbt ihr Gesicht in den Händen. Christus legt seinen Arm um ihre Schulter*)
Petrus	Was heulst Du, Weib? Stets ganz in Angst wir stehen ein für Ihn, für unsren Glauben wer soll es nehmen, wer uns des berauben? Was soll das, dass du um Ihn bangst?
Erster Christus	Sobald der Hahn dreimal gekräht Urteile nicht! Verstehe! dass jeder seine Prüfung gut bestehe! Hast du, was heilig dir, verschmäht! (*Alle ab bis auf Judas*)

Magdalena	(beim Abgehen)
	Ich halt das nicht aus! Ihr verändert einfach den Text.
	Spielen wir jetzt oder nicht?
Direktor	Ihr spielt, verdammt noch mal!
	(zu Hans) Und du! Ich will dich hier nicht mehr sehn!
Petrus	Lassen Sie ihm doch wenigstens diesen Abend. Wir
	können sonst nicht spielen.
Direktor	Ach was! Ihr könnt! So viel Text hat er nicht!
Magdalena	Herr Direktor. Er hat doch Familie!
Direktor	Ich auch! Verdammt!

Judas und Barabas

(*Während Judas und Barabas spielen, geht hinter der Bühne wieder die Diskussion los*)
Dichter: Er kann den Text nicht!
Direktor: Er muss nicht mehr viel sagen!
Dichter: Die Presse wird das Stück verreißen!
Direktor: Dies ist mein Haus! Hier bestimme ich!
Schauspieler: Sie müssen sich auch ans Gesetzt halten!
Direktor: Ich kann! Fristlos!
Dichter: Kommt mit! Wir können hier nicht reden!
(*Während sie reden, ist sich vor allem auch der Direktor bewusst, dass auf der Bühne gerade etwas spielt. Nach einer Zeit verschwinden die Personen von der Bühnenseite. Das Stück geht ohne Nebengespräch weiter*)

Judas	Endlich, Barabas, 's wird Zeit!
	Gibt's Neuigkeiten aus der Stadt,

Barabas	Wir haben all' das Warten satt! ist alles wie geplant bereit?
Judas	Der Hohe Rat? Er kommt gleich her!
Barabas	Ich kann die Römer länger nicht ertragen. die Karten sind gemischt, jetzt heißt es wagen!
Judas	Doch der Verrat macht mein Gewissen schwer! Die Zweifel lassen micht nicht ruhn! Wird er Judäa hinter sich vereinen,
Barabas	das sind die geistgen Halteleinen. Du hast die Klarheit erst im Tun. Glaub' mir, das Volk wird aufbegehren, vor dieser Überzahl, da muss Rom weichen, wenn er sie ruft, ist es ein Angriffszeichen. und meine Männer wissen sich zu wehren!
Judas	Und doch! Er predigt Frieden und Barmherzigkeit Mein Plan bleibt stets ein Besserwissen.
Barabas	Er aber hat die Wechsler aus dem Tempel rausgeschmissen! Die Menge brodelte! Sie war bereit!
Judas	Ich weiß!
Barabas	Riskier dein Leben, Judas, richte, die uns Judäa unterdrücken, statt dich in Knechtschaft hinzubücken und sieh: du schreibst Geschichte! Vergehst du sonst doch wie ein Augenblick, kein Hahn, der nach die kräht, nichts, was dein Wirken hier verrät, schaust auf vertane Chancen nur zurück.

	Und wirst bereuen, was du nicht getan,
	Dass du gelebt nicht, nichts gewagt,
	auf Morgen hast du dich vertagt!
	Und andre trauen sich und fangen's an!
	Bedenke dies! Du bist ein Leben,
	doch da, dort draußen, leiden viele,

Judas   Und doch. Es bleiben Killerspiele.

Barabas   Die uns die Römer geben!
                         Wir alle müssen drunter leiden,
                         Er selbst würd' es ersehnen,
                         wär nicht sein Mitleid auch bei jenen,
                         die uns in Ketten kleiden.
                         Doch ist es einmal unternommen,
                         wird er zu unsrer Seite kommen!

Judas   Da, lass uns verschwinden, sie kommen, kommen
                         näher!
                         sie dürfen mich nicht mit dir sichten,
                         Erfolg oder nicht, ich werd' berichten!

Barabas   Dein Erfolg für ganz Judäa!

Die Pharisäer

OFF   Um zu bestimmen, dieser Kuss
                         dem Falschen läufst du zu
                         denn nur Bestimmung erntest du,
                         war jenes deine Wahl, der Rest ist Muss!

P1   (*kommen auf die Bühne*)
                         Er heilt jetzt Kranke, Blinde, Taube,
                         und selbst die Toten, scheint es, weckt er auf,
                         ein König nennt er sich zu Hauf,
                         ich fürchte wohl, dass man ihm glaube!

P2	Ein Frevel ist es, was er lebt
	er lästert Gott und feiert Trinkgelage,
	am Sabbat werkelt er wie anderer Tage,
	es eilt, dass man ihn seiner Macht enthebt!
	Das Volk verführt! Er mehrt das Brot,
	in alle Winde wird es schon getragen,

P1   an allen Ecken hört man von ihm sagen,
er muss hinfort, und fordre es den Tod.

P2   Es gibt nur dies, denn hinter Mauern,
wird er erst recht das Volk verführen,
wir wollen keinen Helden kühren,

P1   Nun gut! Dann darf es nicht mehr dauern.
Im Rahmen unsres Rechts und den Gesetzen
Pilatus muss höchstselbst es wissen,
denn Rom liegt gern auf weichen Kissen,
Er selber, ha!, soll doch das Messer wetzen!

P2   Ein Hochverrat sind dieses Nazareners Lügen!
Er stellt des Kaisers Macht in Frage,
Als Judenkönig gilt er dieser Tage,
dass muss für eine Kreuzigung genügen!

P1   Ganz recht! So werden wir ihn richten!
Pilatus selbst soll ihn bewachen
und sich die Hände schmutzig machen
Rom selber soll ihn uns vernichten!

P2   Doch ihn zu fangen ist die Kunst
stets um ihn ist der Menschen Menge,
wie löst man ihn aus dem Gedränge?,
wie wählt man mit Bedacht der Stunde Gunst!
Und wie erkennt man ihn,
in diesem Pulk von Gleichen,
es würd' uns selbst zu Hohn und Schmach gereichen
wenn wir den Falschen vor Pilatus ziehn.

	Es muss beim ersten Mal gelingen,
	denn vorgewart würd er wohl türmen,
	bevor wir ihn mit aller Macht bestürmen
P1	und in den Staub vor unsren Füßen zwingen!
	Ich habe hierfür schon den Plan gemacht!
	aus seiner Mitte selbst kommt der Verrat,
	ein Mann aus engstem Kreis und Mann der Tat,
P2	Und ihm zu trauen, scheint dir angebracht?
P1	Da kommt er, lern' ihn kennen, (*Judas nähert sich*)
	sein Wunsch ist groß, sein Geist ist klein,
	besieh ihn selbst, er kommt allein,
	dann magst du mir dein Urteil nennen
P2	Schalom!
P1	Schalom!
Judas	Schalom!
P1	Ich seh' fürwahr, Ihr haltet Wort,
	zu Ort und Stunde seid ihr hier.
Judas	Gewährt Ihr doch wohl Gleiches mir! (*Judas trocken.
	Die Pharisäer sind ihm verhasst*)
P1	So bilde sich die Zukunft fort!(*P1 lächelt und schaut
	um sich, ob jemand Judas gefolgt ist.*)
Judas	Die anderen, sie schlafen,
	Ich bin allein, allein auch im Bestreben,
P2	(*übereifrig*) Den Scharlatan des Thrones zu entheben!

P1	Den, den Ihr Rabbi nennt, nun zu bestrafen! (beschwichtigend)
Judas	Das Recht muss achten
P1	wer viel gilt und wer wenig!
P2	Denn Recht und Wahrheit muss bestehen! Einjeder muss es gleichermaßen sehen! Er kann sich nicht Messias heißen
P1	und nicht König!
Judas	Ich nenn Euch Ort und Stunde, wann und wo ihr ihn erfasst!
P1	dann heißt es wahrlich aufgepasst, wer erkennt ihn in der Runde?
Judas	Am Bruderkuss erkennt ihr ihn, ich werd ihn küssen, dass ihr wisst, wen ihr ergreifen sollt und müsst, die anderen lasst ohn Vernehmung ziehn!
P2	Verstanden! Bis dahin mag er noch wandeln
P1	Doch macht schnell! Es drängt die Zeit, wir stehen stets für diese Tat bereit!
Judas	(*trocken*) Wir müssen noch den Preis verhandeln! Ihr habt's gesagt, er nennt sich König! Und <u>wollt</u> ihr (*lacht*) diesen Königssitz?
P1	12 Silbermünzen
Judas	Ha! Ein Witz!

P1	Zwölf Silbermünzen!
Judas	ist zu wenig! Es wird nicht schwer, ihn zu bekommen! ich sage 40, schlagt ihr ein?
P1	40? Vermessen! Nein!
P2	er ist ja noch nicht festgenommen!
P1	Zwanzig
Judas	(*wendet sich zum Gehen*) Ist egal, dann lasst! dann soll er weiter König heißen, ich will mir nicht das Maul verrreißen, mir war das Handeln stets verhasst!
P1	Dreißig, mehr nicht, schon dass ist wohl verwegen!
Judas	(*dreht sich um. Überlegt kurz und reicht die Hand*) Nun gut! Das gilt! Schlag ein!
P1	Und alles soll, wie wir besprochen, sein
P2	(*lächelt*) Dann muss er wohl das Zepter niederlegen! (*kramt einen Beutel heraus*) Hier! Die ersten Zehn! Der Rest kommt eben!
Judas	Eben? Der Rest kommt wann?
P2	Sobald du ihn geküsst! Nur dann!
P1	Sobald er übergeben! (*Judas nimmt den Beutel und geht ohne Gruß!*)

P2	Ein komischer Kauz, grob wie ein Stein
P1	doch graderaus, man weiß, woran man ist,
P2	Was er mit 30 Silbermünzen misst?
P1	Doch lässt er sich auf unsren Handel ein! Und wird am End wohl nicht kneifen!
P2	Komm! Zu Pilatus!
P1	Und zum Rat!
P2	Am Kreuz will ich den Kandidat! um ihm die Hörner abzuschleifen! (*beide ab*)
Judas	(*kommt zurück und setzt sich an den See*) Was für ein Handel! Die Idioten, mit 30 Münzen feier ich den Sieg, wenn ich mit Brot und Wein im Sande lieg! Ich hab sie trefflich ausgeboten! (*nachdenklich*) Es müssen wenig sein, die ihn begleiten, es darf kein Missgeschick geschehen, ich möchte keine Opfer sehen, und keine Schlachtbank vorbereiten. Doch Er wird dies wohl zu verhindern wissen, dass seinen Engsten je ein Leid geschieht, sodass der Häscher Bande flieht, und wird von Seiner Macht hinweggerissen!

Judas am See

Judas	Und doch! Der Zorn steigt jäh mir ins Gesicht, gewahre ich die um ihn stehen, die nur erfüllte Wünsche in ihm sehen,

statt Seine Größe und sein Licht!
Sie sehen nur in ihm das goldne Kalb,
das sie beschenkt, das Kranke heilt,
nur wer noch nicht gerafft hat, weilt.
So folgen sie Ihm doch nur halb.
In ihrem grad erstandnen Glück,
verbeugen sie sich tief zur Erde,
damit das Säcklein doch noch voller werde,
gibt Er nicht mehr, so kehren sie zurück.
Zurück in ihr vertrautes Leben,
in dem sie schwelgen, huren, wetten,
und ausgeruht in ihren Betten,
dem Prunk und irdscher Macht ergeben.
Und Er? Er hat noch jedem eine Hand gereicht,
für Ihre Wünsche stets ein Ohr,
selbst Leprakranke durften zu Ihm vor,
nie schien Geschwätz ihm je zu seicht.
Er hat ein Herz so weit wie unser All
Er schenkt und gibt und gibt und schenkt,
Glück dem, dem er den Wagen lenkt,
er ist gerettet, selbst aus freiem Fall.
Und der Vergebung Hand und Macht,
greift lenkend in das Schicksal ein,
die sich verloren, sind nicht mehr allein,
und die des Trost bedurften, haben bald gelacht.
Nicht ohne Zweifel, ohne Sorgen,
hab Seinen Willen ich geliehen,
wie ich entschied, so sei es mir verziehen!
das Schicksal führe mich ins Morgen.
Ich weiß, es ist ein Gang am Grat,
und links wie rechts geht's in den Tod,
den Kurs zu halten wie im Sturm das Boot,
doch weiß ich keinen bessren Rat!
Es muss, es muss uns reichen,
Geb' Gott, das Er die Chance lebe,
dass endlich Er das Schwert erhebe,
Mein Kuss, welch ein Erkennungszeichen!
(*Während er die letzten Zeilen sagt, wird der
Vorhang zugezogen. Judas ist verwirrt, weil an
dieser Stelle eigentlich kein Vorhang kommen*

soll. Er sagt seinen Text, schaut aber leicht
verwirrt um sich)
(*Er steht auf!*) Was soll denn das jetzt?

Erster Jesus   (*Man hört Gerangel hinter der Bühne! Man sieht,*
dass der Direktor den Vorhang zuhalten will.
Schließlich hängt sich der alte Jesus an eine
Vorhangseite. Diese reißt herunter! Die anderen
führen den Direktor weg, der sich aber wehrt! Es
geht aber so schnell, dass das Publikum mehr
ahnt, als dass es das Nebenschauspiel sieht. Der
Erste Jesus spielt den traurigen Text, aber
zeitweise ist ihm anzusehen, dass er sich freut,
weil er sich durchgesetzt hat.)
Ich fühl mich, Vater, noch verbunden,
mit jener Frucht, die Mutter einst gebar,
in ihrem Schwinden werde ich gewahr,
der menschlichsten der Stunden.
Oh, bitter ist es, diesen Kelch zu heben
wenn sich der Geist in Deinem neu besinnt,
der irdsche Sinn in Deiner Hand zerrinnt,
und Sehnsüchte im Leib erneut erbeben!
Oh, menschlich bin ich noch, den Aufschub zu
erflehen
in diesem Land, Dich zu gewinnen,
am Ende steh ich doch und und will von vorn
beginnen,
ich will hinauf und seh mich rückwärts gehen.
Oh, Vater, sag der Zeit, sie möge eilen,
sie möge mir das Kreuz ersparen,
sie möge laufen, möge fahren,
den Leib zu schonen und ihn heilen.
So stehe ich entblößt in Eurer Mitte,
den Leib zu ehren durch den Tod,
er hängt gekreuzigt für die Not
und tritt in diese Welt, wer mich auch bitte.
(*Bei den letzten Worten sieht man den Direktor*
von der Seite winken. Ein Polizist steht neben ihm.
Der Erste Jesus reagiert aber nicht, sondern
bewegt sich auf der Bühne vom Direktor weg,

*damit er nicht gefangen werden kann. Auf das
Wort "Jetzt" rennen Direktor und Polizist voran
über die Bühne. Der Polizist hält den
Schauspieler fest, der sich aber entwindet und
hinter der Bühne verschwindet. Er wird von den
anderen Schauspielern versteckt. Der Direktor
schubst von der Seite den Jesus Bühnenbildner
auf die Bühne.)*

Direktor	Wer doch gelacht!

Jesus Bühnenbildner	(*Da er nicht weiß, was er sagen soll, betet er das Vater Unser!*) Vater unser im Himmel, geheiligt werde Dein Name, Dein Reich komme, dein Wille geschehe, wie im Himmel so auf Erden. Unser tägliches Brot gib uns heute und vergib uns unsere Schuld, wie auch wir vergeben unsern Schuldigern. Und führe uns nicht in Versuchung, sondern erlöse uns von dem Bösen, denn Dein ist das Reich und die Kraft und die Herrlichkeit in Ewigkeit. Amen. (*Jesus geht ab. Vorhang.*)

Dichter	(kommt zusammen mit Hans auf die Bühne vor den Vorhang) So, hier bleibst du erst mal, bis wir die Polizei davon überzeugt haben, dass du ausgebüchst bist.

Hans	Und der Direktor?

Dichter	Ich hab mit Gerd gesprochen. Sie haben dein Kostum noch mal so ähnlich. Zumindest so, dass man's auch verwechseln kann.

Hans	Wieso?

Dichter	Weil der Gerd dann damit wegrennt und wir ihm sozusagen die Polizei hinterherschicken. Und den

Direktor gleich mit.

Hans	Auf die Dauer wird's nicht helfen. Scheiße!
Dichter	Ward's mal ab. Wenn das Stück ein Erfolg ist, lässt er sich umstimmen. Das nächste Mal gibst du mir deinen Text früher!
Hans	Ich find, man muss den Leuten auch mal in den Arsch treten!
Dichter	Vielleicht! Auf jeden Fall ist es keine Entlassung wert!
Hans	Mag sein! Wird mir nicht viel nutzen.
Dichter	Der Personalrat wird ihn schon überzeugen!
Hans	Ich kenn ihn doch. Er wird Gründe und Gelegenheiten finden. Aber egal. Heute ist er mit seinem Schmeichelkurs nicht durchgekommen!
Dichter	(man hört Stimmen). Halt dich im Hintergrund. Ich guck, wo der Direktor steckt und lenk ihn ab!
Hans	Danke! (*Will hinter den Vorhang*) Und wenn sie merken, dass der Gerd unter dem Kostüm steckt?
Dichter	Bis dahin seid ihr mit dem Stück durch. Den Rest überlass mir!

Verhaftung

(*Es wird die typische Verhaftungsszene gespielt. Still, bis zu dem Punkt, an dem Petrus das Ohr eines Soldaten abschlägt! Die Soldaten-Schauspieler, also die Gegenspieler von Jesus, sind auf der Seite des Direktors und sind sauer auf die anderen, die sich ein Gerangel mit dem Direktor geleistet haben. In der Verhaftungsszene wird diese Meinungsverschiedenheit deutlich. Es spielt der Erste Jesus.*)

Judas   Rabbi!

Jesus   Freund! Was ist?
Bühnenbildner   (*Zwischen den anderen Jüngern hat sich der Erste Jesus mit auf die Bühne geschlichen. Als Judas ihn sieht, küsst er diesen und nicht den vor ihm stehenden Jesus Bühnenbildner. Dieser kapiert die Situation und geht ratlos und resigniert ab. Die Soldaten wollen ihn festnehmen. Petrus geht dazwischen und schlägt das Ohr ab. Das macht er seinem Kollegen gegenüber aber zu fest, sodass dieser sauer ist und Petrus wegstößt. Er hält sich das Ohr.*)
Wer spielt denn jetzt?

Judas   Siehst du doch!

Jesus   So ein Scheiß.
Bühnenbildner

Erster Christus   (*Gebietet Petrus Einhalt. Er will "sein" Stück jetzt zu Ende spielen. Er setzt das Ohr wieder dran! Zu Petrus gewandt. Er macht ihm auch deutlich, dass er weiterspielen will.*)
Alles ist geklärt! Ich mach's!

Soldat	Jedes Mal so einen Mist. Schreib dein eigenes Stück!
Magdalena	(laut schreiend, fast hysterisch) Hört jetzt alle auf! Wir spielen das jetzt hier fertig, verdammt noch mal!
Erster Christus	(Die Umstehenden sind sichtlich vom Ausbruch der Kollegin geschockt. *Wieder in der Rolle*) Halt ein! Ich kam, um stets zu geben, wer nimmt, kommt nicht ins Leben! Wer keinen Frieden hält, ist niemals Christ! (*zu den Soldaten*) Und ihr? Stets war ich da, im Gotteshaus, dort ging ich ein, dort ging ich aus! Und wie ein Räuberhauptmann kommt ihr, mich zu fassen? Hätt' ich mich doch am Tempel selber überlassen! Damit erfüllt sich nun das Wort! Ich komme mit! (*Die Jünger fliehen, Judas hält sich am Rand auf*)
Soldat	Die andren fliehen dort!
Magdalena	(*wirft sich Jesus zu Füßen. Soldaten versuchen immer wieder, sie loszumachen*) Rabbi, Rabbi, ich lass' dich nicht! Ich kann nicht, lasst ihn frei!
Jesus	(*zärtlich*) es ist bestimmt, dass es so sei! (*er schaut dabei zweifelnd zu den Soldaten, da er nicht weiß, ob sie ihn ganz von der Bühne holen wollen*)
Magdalena	(*zu den Soldaten*) Wer keine Schuld trägt, kann nicht vor Gericht!
Soldat	(*will sie wegziehen*)

Lass ihn jetzt los, Weib! Lass ihn!

Magdalena	Ich lass nicht zu, dass man dich stehle!

Jesus	Bleib' dort, bleib' dort, wo ich nun fehle!

Soldat 2 Ich halte Sie! Du, fass ihn! (*Hält sie erst, dann stößt er sie weg. Magdalena rennt den Soldaten hinter her und schlägt auf sie ein. Alle von der Bühne, außer Judas. Das Publikum weiß nicht, ob die Schauspieler schauspielern oder ob sie sich wirklich prügeln. Man weiß auch nicht, ob die Soldaten ihren Schauspielerkollegen von der Bühnen zerren wollen. Sie sind auch zerrissen. Das muss im Spielen natürlich auch so gemacht werden.*)

Judas (*Nachdem die Soldaten mit Jesus weg sind*)
Das Ohr, ich hätt's im Dreck belassen!
Was soll das? Warum lenkt Er ein?
Und zieht mit ihnen in die Stadt hinein?
Was hat Er vor? Noch kann ich es nicht fassen!
Will Er den Sieg aus größrem Leiden,
um größer sich dem Feind zu offenbaren,
dem Feind anfänglich zu willfahren?
sich im Beginnen zu bescheiden? (*er bleibt auf der Bühne sitzen*)

Der Kreuzritter

Judas Jetzt muss es bald mit Ihm geschehn,
man bringt ihn vor den Rat, die Richter gellen,
man schlägt Ihn, wirft Ihn in die Zellen
und meint, Er müsse dort zu Grunde gehn.

Zum Grunde geht er, kehrt hinab,

aus Kerkern machtvoll steigend
und aller Welt ganz Seine Größe zeigend
ersteht er Seinem faulen Grab!
Gleich wird man es in aller Munde tragen,
Der König kommt mit Schwert und Kranz,
besteigt den Thron, erklimmt ihn ganz,
um alle Kaiser noch zu überragen!
(*es erscheint ein Bild eines Kreuzritters. Judas
glaubt, Christus darin zu sehen. Das Bild wandelt
sich langsam, bis Jesus als Gekreuzigter langsam
auf ihn zukommt. Es handelt sich aber um Jesus
Bühnenbildner. Dieser gibt Judas gestisch zu
verstehen, dass es weitergehen soll.*)
In unbekanntem Kleid seh ich ihn kommen,
Mit Speer und Schwert erhöht zu Pferde,
und hinter Ihm die ganze Herde!
Welch herrschaftliche Formen hat er sich
genommen.
Heil Christus, Dir, dem König ein Willkommen,
zu deinen Füßen sink' ich in den Staube!
Verfüge mich! Dies ist mein Glaube!
Nur Dir zu dienen will ich frommen!
Es wandelt sich, war gar Chimäre nur,
ein Bettler jetzt, so dünn und still,
so fragend. Sag er, was er will!
Er wandelt sacht auf staubbedeckter Flur.
In rotem Sand, in roter Luft,
sich seine Seite mühsam haltend,
die Hand zum Gruße mir entfaltend
umgibt ihn gar ein Grabesduft.
Wer bist Du! Sag es! Rabbi? Sprich!
(*Christus ist näher gekommen, nimmt Judas'
Hand und legt sie an Seine Seitenwunde. Judas
fällt in Ohnmacht. Christus hebt zum Publikum
hin segnend die Hände. Dann geht er. Judas
bleibt liegen!*)

Magdalena   (*kommt angerannt. Rüttelt an ihm.*)
Judas! Wach' auf! Was ist mit Dir? (*Rüttelt weiter,
weil er nicht gleich ins Bewusstsein kommt*)

Judas	Magdalena?! Ich...
Magdalena	(*außer sich*) Was war... Judas!? Erkläre dich! Verhaftet? Er? Erklär' es mir!
Judas	(*weiß nicht, was hinter der Bühne passiert ist*) Jetzt reicht's mir aber! Wo haben sie ihn denn jetzt schon wieder hingebracht? (*Er geht zur Seite weg. Dort sieht er aber den Dichter, der ihm Zeichen macht, weiterzuspielen und ihn beschwichtigt*)
Magdalena	(*verzweifelt*) Du hattest sie geführt, du sie gebracht, Wer hat gezwungen dich, wer dich bedroht? Weißt Du es nicht? Ihm droht der Tod! Was hast du dir dabei gedacht? (*Sie schlägt auf ihn ein*)
Judas	(*Wieder von der Seite zurückkommend*) Hör auf! Mein Wort hat kein Gewicht! Ist er doch Gott! Wie soll das gehen? kann Er nicht alles vor der Zeit besehen? Verraten hab' ich nicht!
Magdalena	Hast Du! Sag mir, wie sonst es sei? Erkläre mir, woher Soldaten kommen, dass niemand andres wurde mitgenommen als Er allein! Die andren laufen frei!
Judas	Und frei wird Er, sobald er sich erhebt! sich zu erkennen als der Gott, dem Rat und seinen Schärgen wohl zum Spott Wenn endlich Er den Thron erstrebt!
Magdalena	Nun, sag' mir nicht, du willst Ihn prüfen, strafen? durch die, die Wahrheiten durchstechen,

die das Gesetz um ihre Macht zerbrechen!
durch die, die ihre Zeit verschlafen?
Hast du bedacht, ob Er es selber will,
Hast du bedacht, ob Er sich stirbt,
damit sein Wirken nicht verdirbt?
Er hat kein lautes Reich, sein Thron war still!

Judas

Er wird die Seinen nicht verlassen
(*Judas sagt einen Text, den Magdalena so nicht
erwartet. Sie muss also improvisieren und bricht
zusammen*)
Er lässt die Seinen nicht in Not

Magdalena

Ich glaub es nicht. Ich... *du Idiot!*
Wie glaubst Du, kannst du Ihn erfassen?
Du gehst jetzt mit, Ihn zu befreien! (*Sie zerrt an
ihm, bis er endlich mitgeht*)

Judas

(*völlig im Widerspruch zu dem, was er sagt. Er
steht auch auf und zieht Magdalena mit sich*)
Du wirst es sehn! Ich habe Recht!
Er freit sich selbst aus jenem Machtgeflecht!

Magdalena

(*weinend*)
und wage nicht noch mehr der Ketzereien! (sie
zieht ihn weg)
Was Ihm geschieht, mag uns geschehen,
egal wie's kommt, ich bin bereit,
in jeder Aussichtslosigkeit
für unsren Glauben einzustehen!
(*Umbau der Bühne. Man hört während des
Umbaus immer wieder Gespräche zwischen den
verschiedenen Schauspielern. Während des
Umbaus ist im Publikumsbereich Licht. Der
Vorhang wird von Bediensteten repariert. Er
bleibt danach während des Umbaus geschlossen*)

Im Hof des hohen Rats. Soldaten, Bedienstete, Judas, Magdalena, Petrus

Magdalena

(*Petrus sitzt im Hof. Andere Leute. Magdalena und Judas kommen hinzu.*)
Hier ist es. Petrus ist schon da!

Petrus

(*springt auf und greift Judas ans Revers*)
Du Heuchler bist entronnen
du hast das ausgesonnen!

Judas

Nun wird es endlich wahr!

Petrus

(*Petrus sich umschauend, leiser*)
Wahr? Verleugnet hast du und vernichtet,
was Er uns lehrt, was Er uns lebt,
weshalb der Mensch nach Seinem Willen strebt,
wenn jetzt der Hohe Rat Ihn richtet!

Judas

Das wird er kaum! Denn dem Gericht...

Magd

(*eine Magd tritt hinzu, spricht Petrus an*)
Bist Du nicht einer, die mit diesem Jesus gingen?
Die stets an seinen Lippen hingen?

Petrus

Was sagst du, Weib? Ich kenn' ihn nicht! (*Die Magd geht weiter. Es kräht der Hahn*)

Magdalena

Kommt jetzt, wir können hier nicht bleiben,
erkennt man uns, so können wir nicht helfen,
lasst uns beraten mit den andern Zwölfen!
statt uns hier selber aufzureiben!

Judas

Denn dem Gericht wird er sich offenbaren, (*noch während Magdalena spricht*)

Petrus	für was, um Kriege zu entzetteln siehst du nicht, wie sie Ihn verspötteln?
Judas	sie werden ihn in seiner ganzen Macht erfahren!
Soldat	(*Tritt hinzu.*) Hattst Du nicht gegen uns das Schwert erhoben! (*spöttisch*) als Euren König wir gefangen nahmen?
Petrus	Ich kenn ihn nicht! Ich schwör'es! Amen! Ich kann den Hohen Rat nur loben!
Magdalena	Jetzt kommt!
Magd	(*Kommt wieder zurück*) Recht hatt' ich! Er gehört dazu!
Soldat	Zu diesem Jesus, den sie hier verhören?
Petrus	Ich kenn' ihn nicht! Ich kann es schwören! Verflucht sei er! Jetzt lass mir meine Ruh!
Magdalena	(*Geht dazwischen und gegen die Magd*) Was weißt du schon?! Er war die Nacht bei mir!
Soldat	(*spöttisch, fast sie am Arm*) Hast du die nächste Nacht noch frei?
Magdalena	Hör auf mit deiner Fummelei!
Judas	Lasst jetzt! Kommt! Gehen wir!
Magd	Jetzt gehn hier schon die Huren um! (*Gleichzeitig mit Judas*)
Magdalena	(*Zur Magd)* Sei still!

	(zum Soldaten) Die Nacht ist leider rum!

(Sie gehen zur Bühnenseite. Magd und Soldat ab. Der Hahn kräht zweimal!)

Soldat	*(während Petrus seinen Teil rezitiert)* Und? Was hat er jetzt davon gehabt?

Magdalena	Halt deinen Mund! (Stößt den Kollegen weg!)

Soldat	He! Anne. Du bist ja völlig abgedreht!

Magdalena	Hör jetzt auf!

Petrus	*(bricht weinend zusammen)* Verflucht sei ich! Ich selbst! Ich habe Ihn bestritten! Ich wollt bekennen mich und nur bekennen! Kann ich mich jetzt noch seinen Jünger nennen? Das neue Band, ich hab' es durchgeschnitten!

Magdalena	Hör auf! Es reicht! *(Sie versucht ihn immer wieder von der Bühne zu ziehen, wobei man nicht weiß, ob sie das nun als Schauspielerkollegin macht und also das Stück platzen lassen will. Sie zieht so fest, dass er schneller von der Bühne ist, als er seinen Text aufsagen kann. Er macht sich deshalb manchmal los und schaut sie ungläubig an. Schließlich wollte sie ja immer, dass gespielt wird.)*

Petrus	Verleugnet hab' ich Ihn. Er war mir alles! Er war mir Mutter, war mir Vater Verleugnet hier, an diesem Hoftheater! Du Bild des Diamantkristalles!

Magdalena	*Lass' sein!*

Petrus	Wie konnte ich! Geweissagt und besprochen!
	Ich habe fest an mich geglaubt,
	der Hahnschrei hat mich mir geraubt,
	ich hab die Seligkeit durchbrochen.
	Ich hatt' Gewissheit, wer ich bin,
	ich wusste, was ich kann, was nicht
	da das Gewissen mir zerbricht,
	mein ganzes Leben ist dahin.

Magdalena   *Hör auf!*

Petrus   Stets fühlte ich, ich habe Halt
ich bin mir selbst ein Fundament
Grundstein zu sein, war mir gegönnt,
der ich für Seine Kirche galt!

Magdalena   (*sie schreit den Text heraus, weil er auch
irgendwie mit der wirklichen Situation
zusammenhängt*)
Kommt jetzt! Wir können hier nicht bleiben!
Wir müssen planen Ihn zu schützen
jeden Augenblick zu nützen,
das Gute für Ihn anzutreiben. (*sie zieht beide weg.
Judas macht sich los*)

Judas   Ich bleibe!

Magdalena   (*sauer*) dann bleib! (*Magdalena und Petrus gehen
ab.*)

Petrus   Ich denk, du wollt das jetzt fertig spielen?

Jesus vor dem Hohen Rat

Kaiphas   (*Es treten nur zwei Personen auf. Jesus steht
Kaiphas gegenüber. Kaiphas sitzt*)

Der Hohe Rat hat lang schon zugeschaut,
um deine Lehre und dein Wirken zu verstehen,
in welchem Licht soll man die Worte sehen,
was ist der Kern, auf den die Lehre baut?

Jesus Bühnenbildner	(*er schweigt*)

Kaiphas

Das war's? Das ist alles, wenn man fragt?
Da draußen hast du sehr viel mehr gesagt!
(*Jesus schweigt*)
Am Sabbat heilst du Lahme, brichst Gesetze,
Wer bist du, dass du Gottes Recht verletze?

Jesus
Bühnenbildner

Der Mensch ist nicht für den Sabbat da,
sondern der Sabbat für die Leute!

Kaiphas

und auf die Wechsler hetzt du deine Meute!
und hinderst die, die dort ihr Brot erwerben,
Wer bist du, den Menschen zu verderben?

Jesus
Bühnenbildner

Reiß diesen Tempel ein,
und in 3 Tagen werd' ich ihn errichten!

Kaiphas

du lästerst Gott, missachtest unsre Pflichten!

Aus dem Off

(*Während der letzten Sätze, hört man leises
Flüstern hinter der Bühne. Das Publikum weiß
nicht, ob die Stimme aus dem Off wirklich so
vorgesehen sind oder ob die Schauspieler sich
geweigert haben, auf die Bühne zu gehen. Die
Stimme aus dem Off ist die des Direktors und des
Dichters*)
Den Tempel will er auch einstürzen
Und in 3 Tagen steht er wieder da!
Was machst du noch für Hirngespinste wahr?
Willst du dein Dasein auch mit Aufruhr würzen?
Er hat das Volk verhetzt,

und gegen Wechsler angeheizt,
mir scheint, dass ihn der Aufruhr reizt,
dass die Zerstörung ihn ergötzt!
Vieles ist symbolisch zu betrachten!
Er lästert den Propheten!
verfälscht die Lehre, die wir täglich beten!
den Hohen Rat würd' er wohl auch entmachten!

Jesus Bühnenbildner	Ich lehre Euch den neuen Bund: "Liebt Euren Nächsten und Euch selbst!" (*Es tritt Schweigen ein*)
Kaiphas	Ich frage dich: Bist Du der Messias, der Sohn Gottes?
Jesus Bühnenbildner	Ja, ich bin es!
Kaiphas	(*Kaiphas zerreißt sein Amtskleid*) Du lästerst Gott, nichts ist dir heilig!
Aus dem Off	Führt ihn ab. Es ist genug gefragt! Er lässt nicht Tempel, lässt nicht Tora stehen! Dem Tode kann er nicht entgehen! Hätt' Er doch nichts gesagt!

Kreuzigung

	(*Die Szene wird abgedunkelt. Jesus Bühnenbildner kommt daher, das Kreuz auf den Schultern. Still*)
Judas	Nicht Er! Nicht hier! Nicht jetzt! Nicht diese Schmach, nicht der Verlust, ach, Rabbi, hätte ich gewusst!

Es ist, als wer ich selbst verletzt!
Nein, Rabbi, tu mir das nicht an!
Gib mir das Kreuz, gib mir die Last
ich will der Wirt sein, nicht nur Gast,
dass ich hinkriechen kann!
Oh, Augenblick halt ein, bleib stehen,
halt an, was ich nicht tragen kann,
ich hab' in Dir nur mich gesehen!
ein jeder deiner Schritte klagt mich an!

Jesus
Bühnenbildner

Mein Freund! (*Jesus streichelt ihm zärtlich das
Gesicht und legt ihm die Hand auf die Schulter.
Einfühlend in Judas' Leiden. Allerdings hat der
Jesus Bühnenbildner einen Zettel in der Hand, der
nicht gleich gesehen werden darf. Er liest also
ab.*)
Ich rechte und ich richte nicht!
Verändern will ich, nicht besprechen,
nur die gelebte Wahrheit kann nicht brechen!
das Leben ist ein Tun, nicht ein Verzicht.
Komm! Nutz' die Zeit, die ich dir gab!
Und handle, handle, handle,
solange ich in deinem Geiste wandle!
Zu früh muss jeder doch ins Grab.
Und hat das Schicksal dir ein Leid getan,
dann sei bereit es auch zu tragen,
schau hier, das Holz, das noch vor Tagen,
mit grünem Kleid den Himmel wuchs hinan!
Erst trug es selbst, jetzt trage ich!
mit meinem Blut werd' ich es tränken,
Millionen werden ihm gedenken!
Und Gleiches sorge ich für dich!

Judas

Lass' mich es tragen, nur ein Stück,
dass auch ich vom Staube fresse,
und die Flur mit Schweiß benässe!
ich möchte, möchte, kann doch nicht zurück! (*er
hilft Jesus beim Tragen*)
Jahr um Jahr hab' ich gefastet,
mich kasteit und mich gequält,

54

	habe Mühen stets gewählt!
	nie geruht und nie gerastet!
	Trotzdem finde ich Versagen,
	wo ich strebe, wo ich wage,
	Leben heißt nur Arbeitstage,
	alles, alles ist zerschlagen!
Jesus Bühnenbildner	Du irrst und irrst, nichts geht verloren,
	in meinem Reich kann nichts vergehen,
	wenn deines Tempels Mauern stehen,
	wirst du neu geboren!
	Und du wirst mich stehen sehen,
	deinen Augen kaum vertrauen,
	wenn aus unverhofften Schauen,
	die Segen deiner Taten wehen!
	Geh', den Kampf muss ich bestehen
	merke dieses, was ich sage!
	denn vom Kreuz am dritten Tage
	werde ich neu auferstehen!
	Wie ein Ei in sich umfangen,
	einen neuen Samen birgt,
	der in sich ein Leben wirkt
	werde ich zu Euch gelangen!
Judas	*(fällt Jesus zu Füßen)*
	Rabbi, Rabbi, Rabbi!

Der Vorhang reißt

Off	*(Es zerreißt der rote Bühnenvorhang. Jetzt*
	offiziell und natürlich zum zweiten Mal. Die
	Stimme aus dem Off ist die des Dichters)
	Zertrete mich, wo meine Sünden stehen,
	Zerreiße mich, wo ich nicht würdig bin,
	wo je dein Fuß sei, lege ich mich hin.
	Du, Judas, übst Verrat an deinem geistgen Lehen.
	Er liebte Dich, doch wolltest Du das Schwert

und machtvoll über andre dich erhöhen,
zerreiße dies, sodass wir es nicht sehen,
denn selbst ein König ist Sein Reich nicht wert.
Nur Kindesaugen sehen Seine Welt, Sein Licht
die ihre Unschuld sich erkämpft und sich bewahrt,
ist auch der Leib des Kindes schon bejahrt,
das Tor zu öffnen, hindert Er es nicht.
Oh, Judas, der du Ihm so nah,
Du wolltest mit dem Grenzenlosen ringen,
willst Du das Meer in eine Schale zwingen?
Kein Leib ist mehr und dennoch ist er da!
Selbst 1000 Hände könnten Ihn nicht fassen,
den Lichtgebornen, Unsichtbaren,
und dennoch können wir gewahren,
wenn wir nicht halten, sondern lassen.
Nimm meine Farben, rot wie Blut,
die Wege auszumalen, die Er geht,
und lass mich knien, wenn er steht,
in meiner Seele Nächte gib mir Mut.
Du hast den Tag, oh, Judas, uns zur Nacht
gewandt.
wo wir vergessen, uns zu geben,
uns über unsres Gleichen heben,
wo war die Liebe, wo Verstand?

Magdalena   (*erscheint auf der Bühne*)
Es fließen meine Tränen nicht ins Meer zurück
wo zeitlos nah Dein Geist verweilt,
der selbst der Tränen Ursprung heilt
sie fließen fort, doch nicht ins Glück!
Ins Dunkel jener Hoffnungslosigkeit hinein,
sie rinnen, springen wild,
sie reiben über Dein erhabnes Bild,
die Farben fließen nicht, ich bin nicht Dein.
Ich kann dich nicht vergessen, ohne Ruh
verweile ich in einem steten Schauen,
kann Dir den Leib erneut nicht bauen,
Ach, in Erinnerung brennst Du.
So bin ich Liebende und Frau,
und doch gebären kann ich nicht,

es fehlt der Same für das Licht,
das ich in Dir stets schau.
Es bleibt der Schmerz, es bleibt das Weh,
die stete Suche ohne Fund,
ein klarer Geist und doch so wund,
so wie ich hier in meinen Tränen steh. (*sie hält
inne, dann wütend und wieder versöhnlich*)
Zerschlagen sei die Welt, die mir dich raubte,
die mich in dieses Tränental geführt,
Oh, Judas, Bruder, was ist dir passiert?
Warst Du nicht der, der stets am meisten glaubte?
(*Die Bühne dreht, Judas erscheint, kniend*)

Judas vor der Stadt

Judas

(*Er bewirft sich mit Erde und Würmern, wie
wahnsinnig sprechend*)
Ah, hier weit draußen vor der Stadt
hier werf ich meinen Leib zu ihnen hin,
hier grabt und grabt, bis dass ich Erde bin
die spitzen Mäuler in mich ein und fresst Euch
satt.
Aha, ah, ah, ihr kitzelt so in meiner Haut
die sündig, war, die sich verlor
hier schaut ein spitzes Mäulchen schon hervor,
ah, ah, es kriecht und stößt und kaut.
Oh, meine Sinne schwinden leicht,
so leicht dahin im Rausch der Zeit,
wo mich der Mäuler Heer befreit,
ja reibt Euch, ah, dass auch mein Fleisch erweicht.
Ich hätte Ihn so gerne groß gesehen,
dass alle staunend ihre Blicke wiegen,
in seinem Segen ihm zu Füßen liegen
ein stetig Kommen, selig Gehen.
(*Magdalena erscheint neben ihm. Sie fällt
weinend neben ihm nieder.*)
Er hat es nicht gewollt, jetzt ist er mir genommen,
als Dieb, als Bettler kann er nicht bestehen,

wenn neue Zeiten sind, wird er mit alten gehen,
gefallen ist er, was er nie erklommen.
Ah, fresst Euch tiefer hin in meine Innerein,
hier hoch, empor bis in den Magen,
im Magensaft dreht euch in Trinkgelagen,
ah, ah, ich kann, ich will doch nicht mehr sein.

Magdalena

Nein, Bruder, nein, verzeih dir, jenen groß zu
sehen, den jeder liebt,
Du hast gefehlt, doch konnt es anders sein?
Vergib dir, lass dich nicht allein,
weil Er dich stets doch kannte und vergibt.

Judas

Ich hab ein Recht verwirkt auf dieses Leben,
aus meinem Traum ward Wahn und Tod,
ein toter Jesus, Blut und rot,
ich kann nicht mehr und will auch nicht mehr
geben.
Zerrissen bin ich, mein Verstand,
mein Leib, ein Fluch, mich zu ermahnen
was leben sollt, liegt bei den Ahnen,
vergebens reichst du eine Hand!

Magdalena

Ach, würdest du doch mir zu Liebe leben,
oh, fang' ein neues Leben heut noch an,

Judas

es mag Ihm folgen, wer es kann.
Ach, Schritt für Schritt würd Er uns heben.
Ich wollte...(*er hält inne*), ach, im Schmerz
erstickt
am Kreuz, am Kreuz, genagelt und gehangen,
oh, könnt ich nochmals in die Zeit gelangen,
als ich Ihn noch in seinem Glanz erblickt.
Und dieser Glanz ins eherne Metall,
ich wollt ihn gießen, Schwert zu Schwert,
jetzt ist mein Leben, keinen Taler wert,
Er, ach, allein der Herrscher überall.

Magdalena

So bist du, Mensch, und doch hat er dich lieb,

auch wenn du fehltest, hat er dir verziehen,
was Er so liebt, dass solltest du nicht fliehen,
oh, werde nicht an deinem Leib zum Dieb!
Lass ab und richte nicht die eignen Sünden,
es nimmt die neue Sünde nicht die alte fort,
gib Deinem Leben einen neuen Ort,
geh hin, um seine Lehren zu verkünden!

Judas

Zu sehr fühl ich mich Ihm verbunden,
mit Christus, der gehangen,
Ich kann nicht mehr zu euch gelangen.
kein Mittel heilet meine Wunden

Magdalena

Du bist in Deinem Wahn verstiegen
du hast geglaubt, doch wolltest du nicht sehen
Du wolltest Ihn die eignen Wege gehen.
Wahnsinniger, wen wolltest Du besiegen?
Und dennoch ruht in Dir Sein Licht,
Dein Körper ist ein Tempel wie der Seine,
zerreiß sie nicht, der Seele heilge Leine,
es ruht kein Trost in keinem Selbstmord nicht.
(*sie will seine Füße einölen*)

Judas

Halt! Nimm dieses Gift von meinem Leib
Ich bin nicht wert, mich zu erhöhen,
es drängt zu Ihm, doch kann ich nichts mehr sehen
Wie willst du Hilfe sein, oh Weib?

Magdalena

Ich kann dich heben nicht, wie Seine Hand,
wie seine zart und lichtumwobnen Augen
wie soll der Mensch dem Menschen taugen,
ich fühle nur dasselbe irdsche Band.
Ich bin ein Bild für dich, dich nicht zu hassen,
dir zu verzeihen, zu vergeben,
in diesem Sinne schenke ich ein Leben,
Vergib! Dir selbst, um von dem Wahn zu lassen.

Judas

Ich bin gefallen, tief, unrettbar tief
Und weiter geht's hinab, wenn ich nicht sterbe

	(*er hebt ein Messer in die Höhe*)
	Das Blut an dieser Klinge sei mein Erbe
Magdalena	Und wenn Er Selber nach dir rief?
Judas	Er tut es nicht, ich habe Ihn beraubt
	gekreuzigt und gestorben, sündenfrei
	ich geb Ihm diesen Körper bei.
Magdalena	Er wusste es, Er wusste, wer ihn glaubt!
Judas	Ich...
Magdalena	Sündige nicht! Noch tiefer fällt der Mensch hinab
	wem erst das Seil gerissen,
	Ein Eigenmord ist wahrlich kein Gewissen,
	gehäufte Schuld nur, nimmst du mit ins Grab.
	(*Will ihm das Messer wegnehmen*)
Judas	Lass mich....
Petrus	(*von der Seite herbeieilend*)
	Ist er's. Die Drachenbrut
	Lass mich, ich werd ihn brechen,
	des Meisters Tod, ich will ihn rächen!
	Für diesen Meuchler ist kein Stahl zu gut!
	(*entreißt beiden das Messer*)
Magdalena	Nein!
Petrus	(*zu Judas*) Du, du hast den Streich ersonnen
	Verraten hast du ihn (*er will ihn erstechen*) hier büße
	Und jeder Tropfen Deines Bluts ist eine Süße
Magdalena	(*wirft sich dazwischen*)
	mit einer weiteren Sünde ist doch nichts gewonnen.

Petrus	Die Sünde nenn' ich gerne mein
	wenn ich die Schmach getilgt von dieser Erde
	weiß
Magdalena	Du handelst nicht auf Sein Geheiß
Judas	(*zu Petrus*)
	Doch tu es trotzdem, ich bin Dein!
Petrus	(*zu Magdalena*)
	Du siehst, um was er selber bat,
	Er weiß um seinen Frevel, sein Vergehen
Magdalena	Wer Christus an ihm rächt, wird Ihn doch nicht
	verstehen.
	Und leugnet Ihn in dieser letzten Tat.
	Die Liebe richtet nicht, die Liebe gibt,
	Die Liebe rächt nicht, will sie doch verzeihen,
	die Liebe schenkt, wo andere nur leihen.
	Nur der versteht, der selber liebt.
Petrus	Geschwätz, die Tat ist Antwort auf die Schmach
	die Welt will handeln, wo das Weib nur schreit.
	Lass mich die Kirche bauen, groß und weit!
Magdalena	(*außer sich*)
	Wo war dein Mut, als dir das Wort gebrach.
	Als Du geleugnet hast, statt zu verzichten?
	Für wahr! Du hattest einen Leib zu retten?
	willst jetzt Du auf die Zukunft wetten?!
	(*zu Judas deutend*) um Christus Leib an ihm zu
	richten.
	Geh' hin, die wahre Kirche baue,
	die keine Leichen Fundamente nennt,
	die sich zum Leben, nicht zum Tod bekennt,
	den anderen Trost und eine grüne Aue.
Petrus	(*tritt beschämt zurück*)

Verzeih', verwirrt bin ich durch Seinen Tod,
im dichten Nebel dieser Tage,
das Licht ist fort, was bleibt ist Frage,

Judas

und zu viel Wein, drum siehst du rot!
(*lacht etwas verstiegen, dann ernst!*)
Vergiss die Frage, sie ward nie gestellt!
Tu, was Du! aus Seinen Lehren weißt,
wir wissen alle doch, was Er uns heißt,
Und viel Geschwätz hat uns noch nie erhellt.
Lass Dein Gefühl im Guten ruhn,
und wo es aufbraust, dich in Wirren treibt,
kehr ein zu Ihm, der ist und bleibt,
dann wirst Du wissen, was zu tun.

Petrus

(*fällt zu Judas hinunter*)
Verzeih' mir, Bruder, Bruder auch im Geist,
so wahr Du sprichst, so wahr bist Du Ihm nah,
wir leben das, was Er in Ewigkeiten sah,

Magdalena

(*die sich auch hinunter gebeugt hat*)
und irren, wenn wir nicht erinnern, meist!
(*Sie gehen gemeinsam ab. Judas kehrt allein
zurück*)

Judas

Lasst mich allein nun, bitte!
ertrag ich's nicht, dass ihr mich seht,
als Klage um sein Blut ihr um mich steht,
die Kraft reicht nicht für Ihn in unsrer Mitte.
Lasst mich allein, um Seinetwegen,
ich muss in mir erst selbst die Dämme brechen,
wo fluchende Gewässer, sich zu rächen,
wie Felsen sich mir auf die Seele legen.

Magdalena

Versprich mir doch, dass du Ihn willens siehst,
damit du nicht in deiner Nacht ertrinkst,
wenn du mit deinen schwarzen Bildern ringst
und nicht am Strang mit deiner Sünde ziehst.

Judas	Ich tu's! Nun geh, geh hin,
	die Schande trägt jetzt meinen Namen
	sie ist die Blüte meines Samen(s)!
	Ich bin nun leider, der ich bin.

Magdalena Ich gehe hin! und komme doch zurück,
mein Bruder bist du, wie du auch erscheinst,
du hast und hattest einen Willen, reinst,
er trieb dich in den Schmerz, nun nutze ihn zum
Glück.(*sie geht mit Petrus ab*)

Judas allein

Judas Gebt mir ein Bett, in dem ich nicht mehr raste,
und eine Stimme, die nur schreien kann,
gib eine Uhr, doch sage mir nicht wann,
und einen Mund, der immer faste.
Gib Augen, die nur Schemen schauen,
und Beine, die mich nicht mehr tragen,
gib Zungen mir, die nichts mehr sagen,
für meine Hände, gib mir Klauen.
Gib eine Haut mir, die zerreißt,
und Wunden, diese zu zerklüften,
zerschieß den Atem mir mit faulen Lüften,
gib einen Namen mir, wie niemand heißt.
Gib eine Hand, niemals zu grüßen,
und Lippen schwer und grau wie Blei,
Als Fantasie gib mir ein Einerlei.
gib mir Geschmack, doch nicht den süßen!
Gib mir Erinnerungen, die nicht waren,
und eine Zukunft, die nicht sei,
führ alles Gute rechts an mir vorbei,
in meiner Mitte sammle dunkle Scharen.
Gib ein Gemüt, das jeder Hoffnung bar,
ein Herz, das blute, um zu gehen,
sobald's getan, lass es nochmal erstehen,
dass wiederkehre, was schon einmal war.
Wenn ich dann eine schwarze Eiterlache bin,

sieh diesen Rest an Liebe, nimm ihn hin.
Lass alle Welt noch einmal mich zertreten,
noch einmal sieh mich lieben, sieh mich beten.
(*er bricht zusammen. Christus, der sich die ganze
Zeit über genähert hat, hebt ihn von hinten auf*)

Jesus	(*hat den Zettel bei sich*)
Bühnenbildner	Oh Judas, Freund, verzage nicht am Denken,
	behalte, was dich stärkt und schenke Leben
	auch wenn sich Eiterbeulen heben
	lass Dich durch meine Lehren lenken.

Judas	Oh, Meister

Jesus	Ja, ich bin. Und die Erinnerungen, wenn wir
Bühnenbildner	gehen, sind
	der Liebe Diener, weil sie wissen,
	dass auch die Größten gehen müssen,
	So zweifle nicht daran: Du bist ihr Kind.
	Magst du als Mensch, mein Freund, auch irren
	als Schüler warst und bist du mein,
	Ihr seid die Reben, ich der Wein,
	der unerlöste Geist lässt sich doch leicht
	verwirren.

Judas	Oh, Christus

Jesus	Ja, ich war! Ich wusste stets um Deine Art,
Bühnenbildner	Den Winzer kümmert nicht die harte Haut,
	wenn er den Wein aus Reben sich erbaut,
	Das Wasser frisst den Fels und ist doch zart!
	Komm' mit! Wer mich erkennt, ist nicht verloren,
	Der Tod ist nur Gewissheit für den Leib,
	er mag vergehen, doch ich bleib,
	zurück zur Welt aus neuem Leib geboren.

Judas	So komm' ich wieder, wenn ich jetzt vergehe,
	und sehen darf ich Dich, den ich verriet,

Jesus	es ist nicht dies ein Wunder, wenn's geschieht,
Bühnenbildner	es ist der Alltag, den ich täglich sehe.

Doch hüte Dich, Dein Richter selbst zu sein,
vergeh' dich nicht an deinem eignen Blut,
zerstöre nicht des Lebens hohes Gut,
sonst bist Du Abels Bruder Kain.
Und gleich ihm wirst du wiederkehren,
auf diese Welt in eine Not,
und musst aus ungerechtem Tod,
der Seele Wissen doch vermehren.
Bis dass du weißt, wer gibt und nimmt,
bis dass aus Dankbarkeit erfüllen,
die Zeitenläufe meinen Willen,
bis dass du, Seele, in mich eingestimmt.
Ich bin das Licht, ich bin der Klang,
ich bin, der Tag und Nacht Euch bringt,
die Seele zu erhöhen, dass sie singt.
dies ist der Menschen ewger Gang.

Judas

(Umfasst während Christus spricht seine Füße)
Und doch Dein Zorn, Dein Schwert,
schweigt still in unsren Niederungen,
wo in unzählgen Gliederungen,
der eine sich dem andren gegen kehrt?
Kann so die eine Welt entstehn?

Jesus
Bühnenbildner

Sie kann! stets kehrt das Ganze sich zum Guten,
was hinderlich wird mit dem Leib verbluten,
bis alle nur den Einen sehn!
Tust du das Gute,
wird es dich erhaschen,
wenn dann das Schwarz der Nacht von dir
gewaschen,
trinkst du von meinem Blute.
Vom Seelenwein, den zum Gedenken,
an unser letztes Brot wir trinken,
wenn wir auf Knien zum einen Leib hinsinken.
den auch der Kirche Schritte lenken,
die Ihr erschafft in meinem Namen,
dort, wo ihr gut tut, fühlt und denkt,

wenn liebevoll den Blick ihr lenkt,
an euresgleichen, jeden, Amen.
(Christus löst sich auf)

Magdalena
(*ist hinzu gekommen und hat die Stimmen gehört*)
Wer war die Stimme, die ich eben hörte,
die so erfüllt vom Dienen spricht,
vom Geben und auch von Verzicht,
die so mein Herz betörte.
(*zu Judas, der in sich zusammengesunken dasitzt*)
Bruder, wen hast du hier getroffen,
oh, sprich! Oh, schweige nicht! Ich flehe,
weil ich in jenem Ton Bekanntes sehe,
mein Herz ist licht, ich wage hoffen! (*sie kniet zu
ihm*)

Judas
(*wie aus der Ferne*)
Er war es, war es und Er ist,
nie hat es einen Tod gegeben,
ich hör' Sein Wort, es ist mein Leben,
Oh, dass Du doch gekommen bist!
(*ihm kommen die Tränen*)
dass Du gesprochen und verweilt,
bei dem Person gewordnen Schmerz,
der deinen eignen Leib brach! Nicht Dein Herz!
der gern am Kreuz mit Dir geteilt!

Magdalena
Ist Er's. War Er selbst hier.

Judas
         Er ist es noch!
Er kommt und geht nicht, ewig ist er da,
seid Er die Welt aus sich gebar!
du siehst ihn nicht? Und er ist doch!

Magdalena
(*fällt zu Judas auf die Knie und umarmt ihn*)
Oh, Judas, Judas, welch Gesicht,
Du warst Sein Tod und kehrst zurück ins Leben,
Oh, Herr verzeih, der Nacht und Licht gegeben
ich spüre Dich, doch seh' ich nicht!

(Der Vorhang geht zu! Noch bevor der Vorhang zugeht, steht Magdalena auf und geht weg.)

Jesus	*(tritt hinter dem Vorhang hervor)*
Bühnenbildner	Was ist von meinen Taten Euch geblieben,

die ich gesandt in diese Welt hinein?
Erwach ich manchen Morgen doch allein,
wo ich doch teilen will und möchte lieben.
Auch heute schick ich wieder meine Jünger hin,
hinfort, hinaus Euch zu erzählen,
mögt Ihr sie einmal doch erwählen,
dass ich erfühle, dass ich mit Euch bin.
Erkennt sie wohl an ihren Taten,
an ihrem Sprechen, Fühlen, Denken,
sie warten auf, um zu beschenken,
und wenn gefragt auch, um zu raten!

Epilog 1

Dichter   *(Man merkt den Beteiligten an, dass sie unter Strom stehen. Der Dialog findet vor dem Vorhang statt.)*
Gesehen habt Ihr, wie das Leben strebt,
entfaltend bald und bald verderbend liebt,
gesehen habt Ihr, wie es nimmt und gibt!
Wohl an denn. Sagt mir, dass Ihr lebt.
Wer noch nicht lebt, der lebe jetzt
der geht hinaus, der hilft, der liebt
wer sich selbst helfen mag, der gibt!
die sich die Ersten, kommen doch zuletzt!
Bevor Euch diese Hallen, diese Türen
mit wankenden Gedanken nun entlassen,
im eignen Haus müsst ihr den Türgriff fassen,
nur dann kann diese Welt noch an euch rühren!
Vergebt die Zeit nicht, nicht den Augenblick,
nur er allein verändert, wer ihr seid
nehmt es gleichwie zum Kuss bereit
Wo Lippen fühlend öffnen, dort ist Glück.

Zu sehn, zu fühlen und zu hören ward ihr da!
Mitzitternd, ängstlich, bald erquickt,
gelöst, gebunden und auch bald verstrickt!
Geteilt habt ihr und teilt hinfort, für wahr!

Direktor   (*kommt von der Seite gerannt*)
Schön, schön, das Stück ist aus!
Kommt jetzt von der Bühne. Mir reicht's!
Das hat noch Konsequenzen!

Lustige Person   Soll ich nichts mehr sagen?

Direktor   Konsequenzen. Die wird es auch meinerseits
haben!

Lustige Person   Ihr habt Euch noch bei jeder Premiere gestritten!

Direktor   Und hat einer applaudiert?

Lustige Person   Sie wollten schon. Allein, *(macht Geste zum
Publikum)*
hört doch selbst!

Direktor   Ach! Tosender Beifall hört sich anders an!

Dichter   (*wendet sich zum Gehen. Direktor auch*)
Gefallsucht!

Lustige Person   *(schaut aus dem Vorhang heraus)*
Ach ja! Das geht schon ewig so!
sie ersparen sich nichts!

Epilog 2

*(Epilog 2 ist dafür gedacht, wenn für das Stück kein
Eintritt bezahlt wurde und alles auf Spendenbasis
finanziert werden soll oder wenn im Foyer zusätzlich für
einen guten Zweck Spenden gesammelt werden. Es sollte
dann im Eingangsbereich ein Berg Kupfermünzen oder
goldene Schokotaler ausliegen.)*

Dichter Gesehen habt Ihr, wie das Leben strebt,
entfaltend bald und bald verderbend liebt,
gesehen habt Ihr, wie es nimmt und gibt!
Wohl an denn. Sagt mir, dass Ihr lebt.
Wer noch nicht lebt, der lebe jetzt
der geht hinaus, der hilft, der liebt
wer sich helfen mag, der gibt!
die sich die Ersten, kommen doch zuletzt!
Bevor Euch diese Hallen, diese Türen
mit wankenden Gedanken nun entlassen,
im eignen Haus müsst ihr den Türgriff fassen,
nur dann kann diese Welt noch an euch rühren!
Vergebt die Zeit nicht, nicht den Augenblick,
nur er allein verändert, wer ihr seid
nehmt es gleichwie zum Kuss bereit
Wo Lippen fühlend öffnen, dort ist Glück.
Schenkt einen Cent, Symbol für eine Welt
der Not der Hungernden zu Willen,
wo wir den Durst nach Christus in uns stillen,
und seht, wer eine reisgefüllte Schale hält.
Auf einem Sandkorn würdet ihr nicht laufen,
Milliardenfach ist's doch ein Strand!
ein Cent ist noch kein Krügerrand!
Doch schließlich könnt ihr alles kaufen!
Ihr meint, wir fordern euch zu geben?
und maßen uns zu richten an?
das Jetzt ist hier, nicht irgendwann!
Wir fordern nicht, wir leben!
Zu sehn, zu fühlen und zu hören ward ihr da!

Mitzitternd, ängstlich, bald erquickt,
gelöst, gebunden und auch bald verstrickt!
Geteilt habt ihr und teilt hinfort, für wahr!
So nehmet hin vom Erdenleib, genießt!,
der im Foyer in Schalen wacht,
und rötlich schimmernd seine Pracht,
millionenfach ergießt.
Wer geben will, der gebe,
wer nehmen will, der nimmt!

Direktor   (*kommt von der Seite gerannt.*)
Seid Ihr verrückt? Jetzt bittet Ihr um Spenden.
Die Leute kommen von der Kasse! (*Alternativ: Dichter:*
Es war ja niemand an der Kasse)

Lustige   Zweimal bezahlen ist doch Klasse! (*Alternativ: Spenden*
Person   *zahlen ist doch Klasse!*)

Dichter   (*angespannt und sauer auf den Direktor*)
Die Leute können auch entwenden!

Direktor   (*Will den Dichter von der Bühne haben. Legt ihm den*
Arm um die Schultern. Der Dichter aber macht sich
davon frei. Es entsteht ein subtiles Gerangel)
Wie? Ihr habt mein Geld dort ausgelegt?

Dichter   Nicht Eueres! Nur meinen Teil!

Lustige   (*springt herum*)
Person   die Welt wird schön, die Welt wird heil!

Direktor   (*Will hinter den Vorhang*)
Das Stück hat mich gar manchmal aufgeregt!
Und auch der Abschluss hat mich wirklich aufgebracht!
(*er überlegt*)
Ich werd, was im Foyer steht, zählen!

Dichter	Was versteht Ihr schon vom Wählen!
	Hat man mich deshalb ausgelacht? (*Während dem*
	Hinausgehen)
Direktor	Wie konntet Ihr Euch nur an unserm Hause so
	versündigen?
	Die Publikumsbeschimpfung, war sie's wert?
	Ihr habt nicht amüsiert, Ihr habt verstört!
Dichter	Ich weiß nur eins. Ich geh! Ich werde kündigen!
	Und Jesus musstet Ihr schon chassen?
	Ich werd' ihn nicht alleine lassen!
Lustige	*(schaut aus dem Vorhang heraus)*
Person	Ach ja! Das geht schon ewig so!
	sie tun sich nichts ersparen!
	Es ist wie schon in all den Jahren!
	Ist einer trüb, dann ist der andre froh!